서울대 김신일 교수의

교육생각

김신일 저

학지사

머리말

한국인으로 교육에 관심 없는 사람이 없다. 국민 한 사람 한 사람이 모두 교육전문가라고 해도 틀리지 않을 것이다. 실지로 경제문제나 국제문제에는 발언을 피하는 사람들도 교육문제에 대해서는 자기 주장을 편다. 온 국민이 교육전문가들이기 때문에 교육부 장관 노릇하기가 가장 어렵다고 어느 교육부 장관이 하소연한 일도 있다.

그러나 국민 모두가 교육에 관심을 쏟고 의견을 말하는 것은 나쁘지 않다고 생각한다. 만약 국민이 교육에 철저히 무관심하면 교육문제가 잘 풀릴까? 결코 그렇지 않다. 국민 모두가 교육문제에 관심을 가지고 활발하게 주장을 펴고 적극적으로 참여할 때 교육은 발전한다.

우리나라 교육문제가 풀리지 않고 오히려 꼬이기만 하는 이유는 국민의 관심이 높기 때문이 아니라, 정부가 교육에 대한 확고한 철학과 장기적 비전을 가지고 있지 않기 때문이다. 철학과 비전 없이 그때 그때 목소리 큰 집단에 끌려 다니거나 정권의 정치적 계산에 따라 정책을 선택하기 때문에 교육정책이 춤을 추는 것이다. 국민이 교육문제에 적극적으로 발언하기 때문에 교육문제가 꼬인다는 것은 핑계에 지나지 않는다. 국민은 교육에 대한 가해자가 아니라 피해자이다.

한편 학부모의 교육열이 한국교육을 망치는 주범이라는 주장도 있다. 사실 우리나라 학부모들의 자녀 교육에 대한 열기는 높아도 보통 높은 것이 아니다. 세계가 알아주는 교육열이다. 교육전문가나 교육관료 가운데 파행적 교육문제의 근본 원인으로 이 높은 교육열을 지목하는 사람이 적지 않다. 제아무리 좋은 정책을 도입해도 학부모의 지나친 교육열 때문에 효과를 낼 수 없다는 것이다. 그러나 이런 주장은 편견이거나 상황을 정확하게 해석하지 못한 잘못된 판단이다.

부모들의 교육열이 결코 해로운 것은 아니다. 어느 후진국의 학부모들처럼 자녀교육에 대하여 아무런 관심도 의욕도 없는 경우를 상상해보라. 학교에 보내지도 않고 집에서 가르치지도 않는다. 거기에서 무슨 교육이 이루어지겠는가. 이런 상황에서는 국가가 아무리 노력을 기울여도 부모의 무관심과 비협조 때문에 정상적 교육이 이루어지지 못한다. 문맹이 국민의 절반을 넘는다. 이런 나라가 하나 둘이 아닌 것을 생각한다면, 우리 학부모들의 높은 교육열은 비난은커녕 오히려 크게 감사해야 할 자산이다. 가까이는 IMF 경제난 속에서도, 멀리는 6 · 25 전쟁의 폐허에서도 자식의 교육을 위해서라면 아무것도 아끼지 않은 사람들이 한국의 학부모들이다. 그 학부모들이 있었기에 오늘의 한국으로 발전할 수 있었다는 사실을 잊어서는 안 된다.

다만 학부모의 교육열을 잘못된 정책으로 자극하여 과열시키거나, 제대로 활용하지 못한다면 폐해가 생길 수 있다. 안타깝게도 이제까지 교육정책들이 대체로 그랬다. 교육열이 폐해를 만든 면이 있다 할지라도 그것은 결국 미숙한 교육정책이 초래한 결과이지 교육열 그 자체가 원인은 아닌 것이다.

교육열은 교육발전을 위한 소중한 에너지이다. 학부모들의 이 왕성한 에너지를 잘 활용한다면 나라의 장래를 위해서 이보다 더 큰 힘은 없을 것이다. 그런 의미에서 우리나라 교육은 수많은 문제에도 불구하고 희망이 있다고 믿는다. 국민의 강한 교육 에너지를 어떻게 교육 발전의 동력으로 활용하느냐에 나라의 미래가 달려 있다. 교육전문가와 교육행정가의 과제이다.

그동안 사회적 관심이 높은 교육문제에 대하여 신문, 잡지 등에 의견을 발표해 왔다. 이 글들은 지난 20여 년 동안 한국사회에 부침한 주요 교육현안들을 일목요연하게는 아닐지라도 문제의 대체적 동향은 읽을 수 있게 해 줄 것이다. 또한 교육문제와 교육정책에 대한 나름의 일관된 관점이 흐르고 있어 교육에 관한 한 권의 책으로 어느 정도의 가치를 지니고 있으리라 생각한다. 더러는 교육과 직접 관련 없는 수필도 끼어 있다. 이는 잠시 쉬어가는 글이 될 수 있을 것이다.

교육문제에 관한 논의가 전문학자나 정부관료들에 의하여 독점되면 한 나라의 교육은 건강하게 발전할 수 없다. 각계각층의 국민들이 그리고 학생들인 청소년도 포함하여 모든 세대가 교육정책에 적극적으로 참여하고 발언하여야 교육이 건강하게 발전한다. 그러므로 국민 누구나가 교육에 대한 관심과 흥미를 잃지 않고 높게 유지하도록 참여와 발언의 기회를 확대해야 한다. 동시에 학부모의 교육열은 교육발전에 필요한 가장 기본적인 에너지이므로 식지 않고 계속 뜨겁게 생성되도록 사회 분위기를 조성하는 것이 매우 중요하다. 이 책이 이런 일에 도움이 되길 바란다.

흩어져 있는 글들을 골라 책으로 묶자고 제안하며 기본 틀을 짠 한숭희 교수와 정민승 교수에게 감사하고, 원고의 수집과 정리 그리고 편집과 교정에 정성을 쏟은 서울대 대학원 고영상과 전샛별에게도 고맙다. 좋은 책으로 만들어 준 학지사 김진환 사장과 편집부 정혜재씨께 감사한다.

2006. 1. 23.

김 신 일

차 례

1부 함께 성장하는 기쁨 11

2부 교육개혁의 목표는? 81

3부 평생학습사회를 꿈꾸며 167

part 1 함께 성장하는 기쁨

함께 성장하는 가정의 행복 | 생명은 아름답다, 건강한 생명은 더욱 아름답다 | 미탄기사식당 | 부모와 자식의 거리 | 청소년을 알자 | 기복신앙으로 붐비는 절과 교회 | 아직도 가로막는 철문 | 부정추방, 시민들도 스스로 해야 한다 | 껍데기 정답 | 전쟁을 어떻게 가르쳐야 하는가? | 통일한국의 교육구상 | 캐새키 | 세계화시대의 민족정체성과 문화 | 변하는 중국교육 | 탁아소설립은 여성만의 일이 아니다 | 한국인의 품격은? | 세계 최대 콤플렉스 | 새 경연을 차릴까?

함께 성장하는 가정의 행복

내가 어렸을 때, 아버지가 친구들과 어울려 기분 좋게 술을 드신 날은 더러 돼지고기나 쇠고기를 한두 근씩 사들고 들어오시곤 했다. 늦은 밤이었으므로 그냥 자게 놔두라는 어머니의 만류도 무릅쓰고 아버지는 굳이 우리 형제들을 모두 흔들어 깨우셨다. 곤한 잠에서 일어나 몽롱한 중에도 우리는 고기 굽는 냄새에 모두 정신이 번쩍 들었다. "이거 쇠고기잖아……!" 한밤중에 갑자기 고기 파티(파티라고 해봤자 예닐곱 점씩밖에는 돌아가지 않았지만)가 벌어졌던 기억이 지금도 생생하다.

아버지가 몇 년간 몸져누워 어머니가 봇짐장사로 식구들 생계를 꾸려가야 하는 그 어려운 중에도 어머니는 무슨 일이 있어도 학교만은 다녀야 한다고 우리 등을 떠미셨다. 모든 한국 부모들과 마찬가지로 사람은 배워야 한다는 것이 두 분의 철저한 철학이었다. 자식들의 공부를 위해서 당신들의 모든 것을 희생하면서도, 그것을 오히려 보람으로 생각하셨다. 가난했던 시절에 자식에게 고기 한 점이라도 더 먹이고, 교육을 통하여 가르치면서, 큰 탈 없이 자라나는 것을 보는 것만으로 그분들은 행복해 했다. 실제로 그분들의 마음은 행복했다.

오늘의 가정생활은 평균으로 볼 때 대단히 풍족해졌다. 생활공간, 음식, 의복 모두 과거에 비하면 풍족해진 정도가 아니다. 30년 전 당시 한국보다 잘 살던 나라 사람들까지 지금은 돈 벌기 위하여 우리나라에 와서 노동하는 상황이다. 그러나 과연 우리 가정의 행복지수도 그만큼 높아졌다고 할 수 있는가?

안타깝게도 대다수 가정의 행복지수는 물질적 성장에 반비례하여 오히려 낮아졌다. 신문과 방송에 보도되는 내용뿐만 아니라, 전문학자들의 여러 조사결과가 말해 주는 것은 요즘 가정의 행복지수는 매우 낮다는 것이다. 깨끗하고 편리한 아파트에서, 다이어트를 걱정할 정도로 좋은 음식을 먹으며, 멋있는 의복으로 치장하고, 높은 학력을 뽐내며 살지만, 마음의 행복지수는 오히려 떨어졌다.

가정이란 무엇인가. 가정을 이루고 함께 사는 뜻이 무엇인가. 오늘날 많은 사람들이 가정의 의미를 잃고 살고 있다. 가정을 생활의 도구 정도로 생각하는 사람들도 적지 않다.

가정을 생활의 도구로 여기면 가정의 구성원인 가족도 나의 욕구충족을 위한 도구에 지나지 않게 된다. 부부간이나 부모자식 간에 서로를 자신의 욕구충족을 위한 대상으로 여기고, 상대가 나에게 해주어야 할 것만을 기대한다. 내가 상대에게 무엇을 해 주어야 하는가를 생각하기보다 상대방이 나에게 해 주어야 할 것을 더 철저히 따진다. 그리고 내가 상대에게 해 준 것은 부풀려 생각하고, 상대가 나에게 해준 것은 과소평가하여, "나에게 해 준 것이 무엇이냐."라는 섭섭한 마음만 키운다.

가정을 생활의 도구로 생각하는 사람들이 점점 더 늘어감에 따라 행복지수는 점점 낮아지는 것이다.

가정은 생활에 필요하기 때문에 함께 살고 불편하면 그만 두어도 좋은, 그런 생활의 도구가 결코 아니다. 가정은 인간 삶의 핵심이다. 가정은 다음과 같은 세 가지 중요한 의미를 지닌 원초적 공동체이기 때문이다.

첫째, 가정은 생활공동체이다. 동서고금을 통틀어도 생활의 기초단위는 가정이다. 요즈음 독거가정, 즉 단독생활자들이 생겨나고 있지만 그것은 예외적인 상황이지 정상적인 상황은 아니며, 그리고 사회 전체적으로 볼 때에도 대단히 비경제적이다.

둘째, 가정은 애정공동체이다. 부부, 부모자식, 형제자매 사이 애정으로 묶여 있는 공동체이다. 누구나 먼 여행길에서 가장 먼저 떠올리며 그리워 하는 것이 자신의 가정이다. 나에게 무조건적 사랑을 주는 것은 가정밖에 없기 때문이다. "즐거운 일에는 남들이 모여들지만 궂은 일에는 가족밖에 없다."라는 말은 지금도 변함이 없다.

셋째, 가정은 학습공동체이다. 가족은 서로 가르치며 배우는 조직이다. 부모만 자식을 가르치는 것이 아니고 자식들에게서 부모도 배운다. 우리 시대처럼 세대 간의 문화가 다를 때에는 부모가 자식들에게 배워야 하는 것이 많다. 또한 가족은 사회의 교육제도에 대응하여 필요한 학습생활을 영위하는 조직단위이기도 하다. 자식의 학교 교육을 위하여 부모들이 열성을 다 하는 것은 예나 지금이나 변함 없는 중요한 '가정의 기능' 중 하나이다.

미국 대통령이 금년 연두교서에서 '가정의 강화' 를 우선적 국정지표로 설정한 것은, 미국사회 전체의 건강이 각 가정의 건강에 달려 있음을 깨달았기 때문이다. 가정은 도구나 방편이 아니다. 가정은 원초적 공동체로서 지키고 강화해야 할 삶의 근거이다. 그리고 가족은 나를 사랑해 주는 사람이기 이전에 내가 먼저 사랑해 주어야 하는 사람들이다. (한은소식 97-05)

생명은 아름답다, 건강한 생명은 더욱 아름답다

나는 학교 근처에 살기를 좋아한다. 가까운 곳에 산이 있으면 더 바랄 것이 없다.

10여 년 전부터 살고 있는 현재의 집은 강남구에 있는 도곡초등학교 옆이다. 이곳으로 이사 올 무렵 이곳저곳 집을 보러 다녔는데, 특히 직장과 가까운 관악산 주변의 집들을 집중적으로 보았다. 그러나 집도 배우자 고르기처럼 인연이 닿아야 한다더니 생각하지도 않았던 현재의 집으로 순식간에 결정되어 버렸다. 관악산 주변에 비하면 직장인 서울대와 조금 먼 편이어서 망설이기는 했지만, 바로 옆에 학교가 있다는 사실이 결정을 쉽게 했다.

어려서부터 학교 바로 앞에 쭉 살아 그 이점을 잘 알고 있는 나는 학교 근처의 집을 선호한다. 어린 시절부터 고등학교를 졸업할 때까지 청주고등학교 문 바로 앞집에서 살았다. 학교와 가장 가까운 집에 사는 학생이 바로 나였다. 바쁜 학기 말이나 학년 말에는 선생님들에게 불려가 시험지 채점하기, 서류 정리하기 등에 동원되는 바람에 좋은 점도 나쁜 점도 있었지만, 학교운동장이 바로 우리집 앞마당이라는 움직일 수 없는 사실이 나에게는 엄청난 혜택이었다.

학교 운동장이 우리 앞마당이었으므로 아주 어렸을 때부터 눈만 뜨면 그곳에서 살았다. 어려서는 땅따먹기, 자치기, 전쟁놀이를 주로 하였고, 중학생 이후로는 축구, 농구는 물론 운동장 한쪽에 설치해 놓은 철봉, 평행봉 등도 방과 후에는 모두 우리 차지처럼 이용하였다. 운동장을 관리하는 청부 아저씨와 자연스럽게 낯이 익었으므로 축구공이나 농구공을 빌리기도 하였다. 그 바람에 우리 동네 친구들은 무슨 운동이나 조금씩은 다 할 줄 알았다. 축구, 배구, 농구에는 학교대표선수까지 된 친구들도 있다.

운동만이 아니었다. 찌는 듯한 여름방학에는 학교 교실이 내 공부방이었다. 빈 교실에 창문을 활짝 열어놓고 웃통도 벗어젖히고 시원하게 앉아 책도 읽고 시험공부도 하였다. 좁은 집이어서 요즘 아이들처럼 따로 공부방을 가질 수 없었던 그 시절에, 빈 교실을 내 공부방처럼 사용할 수 있다는 것은 말할 수 없이 큰 혜택이었다.

학교 가까이 사는 것이 얼마나 큰 이득인가를 누구보다 잘 알기 때문에 나는 집을 고를 때에는 학교 가까운 곳을 고집한다. 미국 유학시기에도 캠퍼스 바로 옆에 있는 셋방을 얻어 살았다. 밤이나 이른 아침이나 어느 때이고 필요한 일이 생기면 연구실과 도서관에 갈 수 있었다. 대학의 연구실과 도서관을 내 서재처럼 썼다는 표현이 더 적절하겠다. 대학의 실내수영장, 정구장도 쉽게 사용하였고, 넓은 잔디밭은 그야말로 앞마당과 같았다.

지금 사는 집이 산과 떨어져 있는 점이 다소 섭섭하지만 직장인 대학이 관악산 기슭에 있으므로 오히려 훨씬 더 긴 시간을 산과 마주 보고 산의 공기를 마시면서 생활한다. 이에 더 큰 복이 없다. 대학시절부터 등산을 좋아하여 지금도 틈이 나면 산에 오르기를 즐긴다. 오후에 여유 시간이 생기면 산책 삼아 산에 오른다. 내 나름대로 정해놓고 다니는 코스가 있는데 한적하고 깨끗해서 좋다. 때때로 바위에 걸터앉아 명상에 잠기기도 하고, 가까운 사람들의 모습을 떠올리며 무언의 대화를 나누기도 한다.

산에 오르면, 나무며 꽃이며 풀이며 모두 하나같이 열심히 살아가는 생명을 가까이에서 느낄 수 있어 좋다. 개미나 거미, 딱정벌레나 새에게도 아주 가까이 같은 생명공동체의 일원으로서의 친근감과 사랑을 느낄 수 있다. 하찮게 보이는 한 포기 풀이나 한 마리 벌레도 모두 나와 똑같은 생명이라는 것을 생각하면 저절로 친근감이 우러나온다. 이 땅에 살아 숨쉬는 생명체는 모두 한 가족과 같은 것이다.

정말이지 모든 살아있는 것들은 열심히 살아간다. 자기 생명을 소홀히 다루는 생명체는 존재하지 않는다. 생명체란 본질적으로 생명을 보존하고 확장시키는 특성을 가지고 태어나는 것 같다. 그렇기 때문에 모든 생명체가 값지고 아름다운 것 아닐까? 제 생명을 스스로 소홀히 여긴다면 그거야말로 남의 발에 밟혀도 할 말이 없는 것이다. 생명은 스스로 소중히 여길 때 남들로부터도 존중받는 것이다. 내 생명을 스스로 존중하고 건강하게 가꾸는 것은 자신에 대한 긍지의 표현이며 책임이다.

나는 특별한 건강비법을 가지고 있지만, 나에게 주어진 생명을 항상 존중하고 귀하게 여기는 자세만은 잃지 않으려고 노력한다. 오늘도 학교 근처에 살며 산 아래 직장에 다니는 것을 고맙게 여기면서, 나의 생명이 귀한 만큼 다른 모든 생명체도 귀한 것이며, 우리 모두는 한 생명공동체의 일원이라는 사실을 재확인해 본다. (동아약보 93-05)

미탄 기사식당

추석 다음날, 주말도 끼고 해서 친구들과 함께 벼르고 벼르던 가리왕산 등산을 떠났다. 강원도 정선 옆에 자리 잡고 있는 가리왕산은 1,561미터로 제법 높아서 태백산맥으로부터 차령산맥과 소백산맥이 갈라져 나오는 넓은 지역의 한가운데에 우뚝 솟아 있다. 정상에 올라서면 멀리 빙 둘러 오대산, 태백산, 청옥산을 비롯한 숫한 첩첩 산들이 시원하게 한눈에 들어와서, 저절로 호탕한 기분을 느낀다. 옛날 동예의 성이 이곳에 자리 잡고 있었다는 사실에 수긍이 간다. 지금도 그 성터가 남아 있다.

가리왕 산행을 벼르던 이유는 몇 해 전 이 산엘 갔다가 정상에 오르지 못하고 하산한 일이 있어, 항상 찜찜한 기억이 마음 한구석에 남아 있었기 때문이다. 그 해 정초, 산행 친구 몇명과 서울을 새벽 여섯 시에 출발하여 진부까지는 텅 빈 고속도로를 단숨에 달려갔다. 진부에서 정선에 이르는 산간도로가 전날 내린 폭설로 덮여 있어 가기 어려울 거라는 그곳 사람들의 충고도 뿌리치고 강행한 것이었는데, 역시 고갯길에서 우리가 탄 소형 승합차가 여러 번 미끄러지면서 애를 먹었다. 이 바람에 등산로 입구에 도달한 것은 이미 점심 때가 다 된 시각이었다.

그래도 포기하지 않고 등정을 시작하였다. 무릎을 넘어서는 눈 속을 헤쳐 나가자니 속도가 너무 느려서, 정상에 도달하면 날이 어두어질 지경이었다. 별 수 없이 섭섭한 마음을 달래며 중도에서 하산하고 말았다. 가리왕산은 언젠가는 다시 와서 반드시 끝내야 한다는 숙제로 남아 버렸고, 다른 산들을 돌아다니느라 이제껏 풀지 못한 숙제였다.

이번 가리왕 산행은 모든 것이 순조로웠다. 서울을 여섯 시에 출발하여 아홉 시에 등산로 입구에 도착하였다. 올려다보니 전에 없던 도로가 흉하게 산허리를 빙빙 돌아 나 있었는데, 도립공원으로 조성하면서 정상 바로 아래까지 자동차 도로를 신설하였다는 것이다. "이렇게 해서 좋은 산들이 모두 망쳐지는구나." 한마디씩 했지만, 이왕 나있는 길이니 중턱까지라도 차로 올라가자는 생각에 중간부터 등반을 시작하여 순식간에 정상에 도달하였다.

정상인 상봉에서 중봉을 거쳐 하봉에 이르는 능선길은 아직은 단풍이 일렀지만, 푸른 숲 군데군데 섞여 있는 단풍나무의 빨간색은 전체가 붉게 물든 것보다 오히려 더 멋있는 분위기를 연출하였다.

등산을 마친 뒤, 역시 반드시 다시 들러야 한다고 벼르던 미탄 기사식당을 찾았다. 미탄 삼거리의 주유소 옆에 붙어있는 작은 이 식당을 다시 들른 데에도 그만한 사연이 있다.

그 몇 년 전, 눈 때문에 등반을 중단하고 정선에서 하룻밤을 묵은 뒤에, 영월에 있는 불쌍한 단종의 능이나 보고 가자고 눈 덮인 비행기재를 아슬아슬하게 넘어, 미탄을 지나 영월을 향하여 좁고 미끄러운 산간도로를 조심스럽게 달리고 있었다. 그때 어느새 나타났는지 트럭 한 대가 뒤에 붙어서 전조등을 번쩍번쩍, 경음기를 빵빵, 요란을 떨었다.

"그런다고 비켜 줄 줄 아냐?"

우리 차 운전사는 천길 낭떠러지 위로 나있는 비행기재를 넘느라 잔뜩 긴장했다가 이제 겨우 한가로운 운전을 즐기고 있는데, 갑자기 나타난 트럭이 길을 비키라고 요란을 떠니 화가 치민 듯 좁은 길을 한사코 비켜 주지 않고 오히려 속도를 늦추어 달렸다. 계속 번쩍거리는 전조등과 경적음. 뒷유리로 돌아보니 팔까지 흔들어댄다. 뒤차 운전사도 꽤 약이 오른 모양이다.

"그만 비켜 주자구! 추월하라구 해……."

일행이 독촉하니 그제서야 우리차가 서행으로 길가에 붙으면서 트럭을 지나가게 했다. 여전히 뭐라고 떠들고 손가락질을 해 가면서.

이후, 앞장선 트럭이 길 한가운데 버티고 서면서 양쪽 문으로 청년 두 명이 내린다.

"어쭈, 저것들이 아주 한판 으르자네! 촌놈들 잘 만났다. 이놈들 어디 한번 붙어 보자!"

말은 그렇게 하면서도 운전사의 표정은 심각해진다. 이거 잘못하다가 산간의 눈길 위에서 큰 시비가 붙게 생겼다.

계속해서 손가락질을 하고 뭐라고 외치면서 우리 차로 다가온 두 청년은 엉뚱하게도, 임전태세로 잔뜩 긴장해 있는 운전사를 지나쳐 차 뒤로 가면서,

"빵꾸난 차를 이렇게 몰고 다니면 어쩐대유?"

"차 빵꾸난 것두 모르서유? 눈길에서 사고 나면 어쩔려구 그러서유."

뭐라구? 그들은 아까부터 길을 비키라고 한 것이 아니고 우리 차 타이어가 터진 것을 알려주기 위하여 그렇게 소리를 질러댔던 것이다. 뒷바퀴가 네 개인데 희한하게도 안쪽 타이어만 두 개가 터졌다. 그래서 비행기재 넘을 때부터 이상스럽게 브레이크가 잘 듣지 않는다고 운전사가 잔뜩 겁을 먹었었는데, 그걸 모르고 여기까지 달려온 것이다.

이런 꼴이 있나. 친절을 베푸는 것도 모르고 싸우자고 덤비는 것으로만 알았으니……. 이 선량한 청년들을 도로의 무법자로 오해했던 것이다. 세파에 시달리며 살다보니 선의도 선의로 보이지 않고 공격적 행동으로만 보였던 것이다. 악다구니 같은 서울생활이 우리를 이렇게 모진 사람으로 만들었는지도 모른다.

"오던 길을 되돌아가시면 주유소 옆에 빵꾸집 있어유. 거기 가서 때워 가지구 가서유."

그 고마운 청년들의 친절 때문에 사고의 위험을 미리 피하고, 되

돌아 미탄 삼거리 주유소 옆 밧데리 가게에 차를 맡겼다. 차 고치는 사이에 들른 곳이 기사식당이다. 이미 점심 때였으므로 라면을 하나씩 시켰는데, 저녁 반찬을 염려한 젊은 친구 김군이 상위에 있는 김치를 비닐봉지에 부어 배낭 속으로 감추다가 주인 아주머니에게 들켰다. 면목이 없어진 김군,

"헤헤, 아주머니 인상이 좋으니 한 접시 더 주시겠지 뭐……."

그 젊은 아주머니는 한 접시가 아니라 우리가 라면을 먹는 동안 통째로 배추 한포기를 새로 예쁘게 썰어 새 비닐봉지에 담아 주는 것이 아닌가!

"아주머니! 이거, 그러면 김치값을 내야죠. 얼마 내면 될까요?"

"누가 김치값을 다 받는대유. 가져가서 맛있게나 잡수서유."

정선까지 왔다가 어찌 그 아주머니를 찾아보지 않고 그냥 지나칠 수가 있단 말인가.

식당 안으로 들어서니 그 아주머니는 없고 낯선 늙수구레한 영감이 무얼 먹겠느냐고 묻는다.

"아, 그 젊은 새댁. 건강도 나빠지고 해서 식당 그만두고 남편 직장 따라 이사갔는데. 어디라더라……."

미탄 기사식당 아주머니를 다시 만나지는 못했지만, 금년 가을은 그 순박한 강원도 두 청년의 기억을 새롭게 하고, 또 마음씨 곱고 얼굴도 예쁜 아주머니의 추억이나마 되살릴 수 있었으니, 다른 해보다 조금은 더 행복한 가을이 될 것 같다. (교수산문선 93-10)

부모와 자식의 거리

부모와 자식 간의 관계가 옛날 같지 않다는 말은 새삼스럽게 다시 할 필요도 없다. 끔찍스러운 사건도 일어나고 무서운 일도 벌어진다.

요즈음 아이들은 맹랑하다. 어른들이 알 수 없는 정신세계에서 살고 있다. 가정에서 부모와 자식 간에 대화할 기회도 없다. 어쩌다 대화할 기회를 만들어도 서로 세계가 다르기 때문에 의미 있는 대화가 이루어지지 않는다. 그래서 한 지붕 밑에 살면서도 부모와 자식 사이에 거리가 너무 멀다. 자식 키우기가 이렇게 어려웠던 적이 일찍이 없었을 것이다.

가정에서뿐만 아니라 사회적으로도 새로운 세대는 기성세대가 도저히 이해할 수 없는 '새로운 종류의 아이들' 처럼 보인다. 걸치고 다니는 옷차림, 부르는 노래, 하는 행동이 어른들 눈에는 이상하고, 무엇보다도 왜 그렇게 하는지 이해할 수가 없다. 그래서 외국에서도 '신인류' 니 'X세대' 라고 부른다지 않는가. 기성세대의 관점으로는 이해할 수도 없고 알 수도 없는 일이 너무 많은 것이다.

그런데 청소년들 입장에서 보면 기성세대나 부모 역시 이해할 수도 없고 알 수 없기는 마찬가지이다. 중학생 딸이 "엄마는 나를 몰라!" 라고 외치는 말 속에는 "나는 엄마를 도대체 알 수 없어!" 라는 말이 함께 들어 있다.

부모와 자식이 서로를 모르고, 서로를 이해하지 못하는 것이다.

최근에 한국 자녀교육 상담소가 서울시내 초등학교 학생들을 대상으로 가정생활을 조사하여 발표한 내용은 우리 가정에서 자녀와 부모의 관계가 얼마나 멀리 떨어져 있는지 알려 준다. 발표한 조사내용에 따르면, 아버지의 나이와 생일을 모른다는 대답이 61퍼센트이다. 아버지가 일하는 직장 이름과 하는 일을 알고 있는 사람도 절반에 불과하다. 나머지 절반은 아버지가 매일 출근하는 직장이름도 무슨 일을 하는지도 모른다는 것이다.

한두 세대 전만해도, 부모와 자식은 같은 세계에서 살았다. 지리적 공간만이 아니라 정신적으로도 같은 세계에서 살았다.

인구의 80퍼센트 이상이 살던 농촌에서는 부모와 자식 사이에 다른 공간, 다른 세계가 존재할 수 없었다. 도시에서조차 그때에는 오늘날같이 익명성이 지배하는 거대도시가 아니었으므로 사람들은 서로 알고 살았다.

그때에는 적어도 아버지가 어떤 생업으로 가족을 먹여 살리는지,

어디에서 무슨 일을 하는지는 알고 살았다. 그러므로 자식들은 매일매일 부모가 자식들을 먹여 살리고 교육시키기 위하여 얼마나 고생스럽게 땀흘리며 살아가는지를 보고 느끼며 지냈다. 자식들도 농사일을 거든다거나 집안일을 도우면서 가족의 일원으로서 동참하였다. 그러므로 그때에는 부모와 자식 간에는 항상 정신적 교류가 있어 왔던 것이다. 오늘날에 비해 대화도 더 많았다. 말로 주고받지 않는 경우에도 '이심전심'의 말없는 대화가 항상 이어지고 있었다. 서로를 알고 이해하였다.

오늘날의 문제는 부모와 자식이 서로 상대방이 사는 세계를 모르기 때문에 일어난다. 아버지가 어디에서 무슨 일을 하는지도 모르는데, 직장에서 얼마나 땀 흘리고 고통 받으며 일하는지 알 리가 없다.

그래서 나는 제안한다. 아버지 직장으로 자녀를 적어도 일 년에 하루씩이라도 초대하여 아버지가 일하는 모습을 사실 그대로 직접 보고 느끼게 하자는 것이다. 어머니 직장에서도 역시 그렇게 하자. 부모가 삶의 현장에서 가족을 위하여 땀 흘리는 모습을 보여주는 것보다 자녀에게 더 좋은 교육은 없다. 부모와 자식 간의 거리를 좁히는 데에도 이보다 더 좋은 길은 없다. '자녀의 부모직장 방문' 프로그램이 나라 전체에 확산되면, 세대 간 단절과 청소년 문제 해결에도 크게 기여할 것이다. 회사가 나서 이런 행사를 하면 회사로서도 커다란 득이 될 것이다.

텔레비전 광고에 비슷한 것이 나온 적이 있지만, 내가 작년까지 살던 대치동에서 한 청소부 아저씨가 가끔 아들을 데리고 함께 쓰

레기를 치우곤 했다. "아드님하고 함께 나오셨군요."라고 인사를 할라치면, "공부나 하래도 이 녀석이 따라나섭니다. 허허." 하던 그 자랑스러운 아버지 모습이 지금도 눈에 선하다. (서울우유 98-05)

청소년을 알자

청소년의 달 오월에는 청소년들과 함께 기뻐하고 즐거워하여야 마땅한 줄 잘 알면서도, 부모를 비롯한 기성세대에게는 '청소년' 이란 말만 나와도 염려와 고민이 앞선다.

최근의 한 조사에 따르면(1996년) 서울의 고등학교 학생 가운데 남학생 17퍼센트와 여학생 5퍼센트가 성경험을 가졌다고 한다. 첫 성경험의 시기 또한 남학생 13퍼센트, 여학생 3퍼센트가 중학생 때였다고 답했다. 적지 않은 청소년들이 중학생 시절부터 성관계를 경험한다는 것이다. 그리고 남학생 89퍼센트와 여학생 35퍼센트가 포르노 등 음란영상물을 한 편 이상 보았다고 응답했다. 이러한 통계자료가 말해주는 것은 성에 관한 한 청소년들이 이미 순진한 어린 아이들이 아니라는 사실이다. 어른들이 알 만한 것은 다 알고 있고, 상당수는 어머니, 아버지보다 더 많은 것을 알고 있음이 확실하다.

한편, 요 며칠 사이에 중학생 한 명, 여고생 두 명, 대학생 한 명이 성적을 비관하여 자살했다. 조금 더 전에는 집안이 가난하여 컴퓨터를 접할 수 없기 때문에, 주로 컴퓨터를 화제로 삼는 학교 친구들의 대화에 끼어들 수 없는 것을 비관하여 외아들 고교생이 집에서 목을 매달아 자살했다. 그 부모의 찢어지는 심정이 어떠했겠는가.

이런 사실에 접할 때마다 누구나 청소년 교육을 개혁, 강화해야 한다고 외친다. 맞는 말이다. 청소년의 건강한 성장을 오히려 가로막는 현재의 학교와 입시 제도를 개혁하여, 그들이 바르고 건강하게 성장하도록 만들어 주는 일이 시급하다. 아울러 청소년을 위한 놀이공간도 만들어주고, 문화경험의 기회도 만들어 주어야 한다.

그런데 이런 일에 앞서는 훨씬 더 시급한 과제가 있다. 기성세대가 청소년에 관한 무지에서 벗어나는 일이다. 어른들은 신세대 청소년들에 관하여 너무 모른다. 부모들도 아들딸들이 무엇을 생각하고, 친구들끼리 무슨 이야기를 하고, 무엇으로 시간을 보내는지 정확히 알지 못한다.

부모나 어른들은 기껏해야 자신들의 어린 시절에 맞추어, 우리 아이도 그러려니 하고 짐작하려 한다. 그러나 지금의 청소년세대는 기성세대의 어린 시절과는 전혀 다른 환경에서 자라난 '새로운 인간' 들이다.

오늘의 기성세대는 전통사회에서 현대사회로 바뀌는 전환기를 살았지만, 신세대는 태어나기를 현대사회에 태어났다. 기성세대는 너나없이 가난하게 자라 점차 잘살게 되었지만, 신세대는 처음부터 잘사는 나라와 가정에서 인생을 시작하였다. 신세대는 말을 배우기 전부터 영상매체인 컬러 텔레비전의 자극 속에서 감성과 지성을 형성하였다. 몇 가지만 봐도 현재 청소년들은 부모세대와는 다른 인간들, 그야말로 '새로운' 세대다.

그러므로 기성세대가 그들을 도와주고 그들의 문제를 풀어주려면, 가르칠 생각부터 하지 말고 우선 그들에 관하여 알아보는 일 부터 시작하여야 한다. 마음만 먹으면 그들에 관한 책들을 접할 수 있으므로 읽으면 된다. 또 아이들 따라 전자게임방에 가서 그들이 제일 재미있어 하는 게임이 무엇인지 직접 보고, 스스로 한번 해보면 더 좋다. 그리고 아들딸의 이야기를 열심히 들어 보자.

본래, 교육의 제1원리는 "가르칠 대상에 관하여 먼저 철저히 학습하라" 이다. (도산아카데미 96-05)

기복신앙으로 붐비는 절과 교회

내가 근무하는 서울대학교는 관악산 바로 아래 위치해 있어서 나는 남들이 못 누리는 복을 하나 더 가지고 산다. 철따라 바뀌는 산의 색깔을 늘 가까이에서 관찰할 수 있고, 맑은 공기와 때때로 지저귀는 산새의 지저귐을 즐길 수 있으니 시내의 매연과 소음 속에서 생활하는 사람들에 비하면 이만저만 큰 복이 아니다. 게다가 얼마 전부터 동료 교수들과 함께 점심시간을 이용하여 관악산 중턱의 암자까지 오르내리는 것을 일과처럼 만들고 나서부터는 이러한 즐거움을 누릴 수 없는 대다수의 사람들에게는 적지 않게 미안한 생각까지 드는 정도이다.

암자에 오르내리면서 보니 생각보다 많은 사람들이 절에 다니면서 공양을 드린다. 음력 초하루나 보름에는 공양드리는 부인들로 작은 암자가 제법 붐비고, 불교의 이름 있는 절기에는 훨씬 많은 신도들이

법석거린다. 지난 입시철에도 많은 신도들이 공양을 드렸다. 많은 신도들이 모여들어 때때로 공양을 드리고 복을 비는 것은 이 암자만이 아니다. 도시 주변의 크고 작은 사찰과 도시 한복판에 있는 절에서도 마찬가지인 모양이다. 뿐만 아니라, 신도의 수가 날로 늘고 있음을 통계자료를 통해 알 수 있다. 신도의 수가 늘고 교회당이 계속하여 건립되는 것은 기독교에서도 마찬가지로 나타나는 현상이다. 빌딩이 새로 서면 제일 먼저 입주하는 것이 교회라는 말도 있지만, 교회의 수가 하루가 다르게 증가하고 있는 것만은 틀림없는 사실이다.

종교기관의 수가 늘고 신도가 날로 증가하는 것은 종교가 크게 번성한다는 증거이다. 그럼에도 불구하고 종교학자와 뜻있는 종교인들은 오늘날의 종교 확장을 반드시 바람직한 현상으로만 받아들이지 않는다. 일종의 종교적 붐은 건전한 신앙에 반드시 도움이 되지는 않는다는 것이다. 특히 오늘날 한국의 종교가 기복주의(祈福主義)로 흐르는 것에 대하여 염려하는 소리가 높다. 모든 신앙에 기복주의적인 요소가 없을 수는 없겠지만, 오로지 기복주의로만 흐르는 데에 문제가 있는 것이다. 각 개인이 자신을 성공하게 해 달라 빌고, 대학에 합격하게 해 달라고 빌고, 회사가 번창하게 해 달라고 빈다. 교회와 사찰도 자기 교회, 자기 절이 발전하게 해 달라고 빈다.

최근에 실시한 청소년 의식조사에 따르면 대다수의 우리 청소년들이 요즈음 우리나라에는 교회나 절이 너무 많다고 믿고 있다. 이러한 반응을 그들이 종교의 가치를 모르기 때문이라고 생각하면 안 된다. 왜냐하면 그들은 다른 질문에 대한 대답에서 대다수가 종교는 필요하고 가치 있는 것이라고 강조하기 때문이다. 그러면 종교가 필요하고 가치 있는 것임에도 불구하고 다수 청소년들이 우리나라에 교회나 절이 너무 많다고 반응하는 이유는 무엇인가? 그 이유를 추측할 수 있는 단서로, 역시 대다수의 청소년들이 "절이나 교회에 다니면 물질적으로도 복을 얻는가?" 라는 질문에 대하여 "그렇지 않다." 는 응답을 했다는 사실을 새겨 볼 필요가 있다. 즉, 우리 청소년들의 대부분은 (그들 가운데에는 종교를 믿는 사람이 더 많다.) 종교의 가치는 존중하지만 오늘날의 종교현실에 대해서는 비판적이며, 특히 기복주의 신앙에 대하여 거부하고 있는 것이다.

청소년들의 이러한 종교현실에 대한 인식은 종교학자 및 뜻있는 종교지도자들과 방향을 함께 하는 것이다. 기복주의에 치우친 종교는 바람직스럽지 못하다는 것이다. 자기 자신과 자기 집단의 이익만을 추구하는 신앙을 그들은 배격하고 있다.

그런데 오늘날의 종교계는 개인 신도들뿐만 아니라 교회와 사찰에도 문제가 있다. 물론 모두가 그런 것은 아니지만 적지 않은 수가 규모를 늘리고 시설을 호화스럽게 만드는 일에 열중하는 것을 볼 수 있다. 외국에서 수입한 값비싼 자재로 안팎을 장식하는 것도 자주 볼 수 있다. 자연히 그러한 곳에 다니는 신도들은 경제수준이 높은 사람이 많게 되고, 어려운 사람들은 쓸데없이 주눅 들기 쉽다. 가끔 사회문제의 하나로 빈부 계층 간 위화감이 지적되는데 교회 내에서도 그러한 현상이 없다고 말할 수 없고, 교회 사이에도, 사찰 사이에도, 빈부의 차이가 현저하게 나타나는 것을 감출 수 없다.

교회는 역시 가난하고 억눌린 자의 집이어야 하고, 사찰은 중생의 집이어야 하지 않는가? 모든 종교가 그렇게 가르치고 있지 않는가?

성경에 보면 어느 착실하고 신앙 깊은 청년이 예수에게 다가와서, "이웃을 사랑하라 하시니, 내 이웃이 누구입니까?" 라고 묻는다. 이 물음에 대하여 예수는 대답 대신에 새로운 질문을 던진다. 길에서 강도를 만나 고통 받는 사람을 훌륭한 모든 사람이 피해 갔으나 천한 사람이 그를 도와주었다. 누가 강도 만난 사람의 이웃인가? 내 이웃이 누구냐고 묻는 청년에게 예수가 한 말은, 누가 내 이웃이냐고 묻지 말고 내가 누구의 이웃이어야 하는가를 물어보라는 것이었다.

오늘날 절과 교회에 다니는 많은 사람들이 나에게 복을 달라고 빌기 전에, 정말로 복을 받아야 할 사람들을 위하여 빈다면 얼마나 값진 신앙이 되겠는가. 그리고 교회와 절을 단장하기 위하여 노력하기 전에, 자신들을 필요로 하는 집단이 누구인가를 먼저 생각한다면 얼마나 좋겠는가. 오늘도 잠시 산에 오르며 이런 생각을 해 본다. (머릿돌 90-05)

아직도 가로막는 철문

금년도 관악산 가을은 여전히 아름답다. 눈부신 햇살에 반짝이는 오색 단풍과 버들골 너머로 올려다 보이는 수려한 관악의 산세가 이 가을을 아름답게 꾸민다.

그러나 관악산에 올라 내려다보는 계곡의 풍경은 상쾌한 기분을 반감시킨다. 아름다운 계곡을 무질서한 콘크리트 더미들이 추하게 덮고 있기 때문이다. 관악산에 자주 오르는 서울시민들은 서울대가 이곳에 들어와서 아름다운 관악산을 버려놨다고, 내놓고 욕설을 한다. 능선에서 캠퍼스를 내려다보는 사람들도 저마다 같은 소리를 한다.

이제라도 서울 시민들의 마음을 상하지 않게 하기 위하여, 새 건물의 위치선정과 외양설계에는 신중을 기해야 할 것이다. 그리고 훼손된 관악산 경치를 임시방편으로나마 보완하기 위하여 건물마다 전통식 지붕을 씌우는 것은 어떨까 싶다. 한국의 산세와 절묘하게 어울리는 명산대찰들의 주변 친화적 지붕만큼은 못되더라도, 주변 환경과의 부조화는 많이 줄일 수 있을 것이다.

이처럼 문화적 품위를 유지하며 국민의 사랑을 받아야 마땅할 우리 대학이 관악구 주민을 포함하여 서울시민의 지탄을 받게 된 배경에는 관악 캠퍼스의 태생이 군부독재 산물이라는 사실이 숨어 있다.

서울대의 개교 이래 숙원은 여러 지역으로 흩어져 있는 단과대학들을 한 곳에 모으는 통합 캠퍼스의 실현이었다. 마침내 1970년대 초에 정부가 새 캠퍼스 부지로 공대가 자리 잡고 있던 현재 노원구 공릉동과 태릉 일대를 선정하였다. 그러나 이 경우 길 하나를 사이에 두고 서울대와 육사가 이웃하게 된다. 이에 육사 교장이 즉시 청와대로 달려갔다. 그는 박정희 대통령에게 '자유분방하고 반정부적인' 서울대생들 옆에서는 사관생도를 교육할 수 없으니 차라리 육사를 옮겨 달라고 항변하였다. 사태의 심각성을 깨달은 박대통령이 부랴부랴 새로 선정한 곳이 골프장이던 관악산 골짜기였던 것이다.

당시 서울대 부지 선정의 가장 중요한 기준은 도심으로부터 충분한 격리였다. 서울대생들이 서울시내에서 벌이는 반정부시위를 원천적으로 봉쇄하는 일이 무엇보다 중요했다. 공릉동이나 관악산의 위치가 이 목적에 적합했고, 더욱이 관악산은 계곡입구가 좁아서 입구만 차단하면 학교 밖으로 뛰쳐나오는 것을 쉽게 막을 수 있는 적지였다.

새 캠퍼스 건설의 책임은 공병대사령관 출신이 맡아, 대학으로서

의 품격이나 건축미와는 거리가 먼 획일적 건물군을 지었다. 그리고 교문도 세웠다. 시위대가 아무리 밀어도 꿈쩍도 하지 않을 육중한 강철 빔에 강철 문을 설계하여 세웠다. 그리고 경찰은 교문 맞은편에 세계에서 가장 큰 파출소를 지어 시위대 진출을 봉쇄하였다.

지금 이 문은 좁아서 통행이 매우 불편하다. 뿐만 아니라, 강철빔의 분위기는 사람과 세계를 불러들이는 열린 몸짓이기보다 밖의 세계와의 교류를 거부하는 닫힌 몸짓이다. 이제 군부 독재도 사라졌는데, 이 구조물은 역사적 유물로 다른 곳에 옮겨 보관하고, 활짝 열린 멋진 교문을 새로 만들면 어떨까? (대학신문 00-10)

부정추방, 시민들도 스스로 해야 한다

새 정부가 출범하자마자(1993년) 대통령이 스스로 선택한 각료 가운데 부정한 방법으로 치부(致富)한 사람이 드러나면서 시작된 권력 상층부의 부정추방 물결은 파고를 높이면서 당과 국회 그리고 정부 투자기관에까지 소용돌이를 일으키고 있다.

서울 시장과 장관이 새로 임명받은 며칠 뒤에 물러나고, 역대 정권의 권력핵심으로 막강한 지위를 누리던 국회의원들과 현역 국회의장이 쫓겨나고 있다. 정부의 고위관료들과 정부주변의 각종기관에 자리를 차지하고 있는 고위 공직자들에 대한 '세탁' 에도 국민들은 기대를 걸고 있다. 기대라는 것이 모든 대상자가 한결같이 깨끗하기를 바라는 것이 아니고, 이번에는 몇 명이나 걸려들며 어떤 수법으로 치부했는지 한번 보자는, 다분히 한풀이 섞인 구경꾼의 심리가 국민들 사이에 퍼져 있다. 이번 부정추방의 대상이 된 사람들이 집권당 안팎의 사회상층부 일부에 불과하다고 해도, 뒤로는 부정한 방법으로 치부를 하면서 국민들에게는 거룩한 얼굴로 군림하던 사람들이 낭패 당한 표정으로 밀려나는 모습을 보면서, 국민들은 조금이나마 시원한 기분을 느끼는 것이다.

그러나 시원한 기분만은 아니다. 그래도 기대했던 인사들의 진면목을 보고난 뒤에 일어나는 그들에 대한 배신감과 자신에 대한 서글픈 모멸감 같은 것을 피할 수는 없다. 국민들이 깊은 곳에서 느끼는 진짜 마음은 실은 시원한 것이 아니라 착잡한 것이다.

그동안 소문으로만 들으며 반신반의하던 것들이 모두 사실로 드러났다. 권력을 쥐었거나 그 주변에 노는 사람들은 어디어디에 무슨 개발이 이루어질 예정이라는 정보를 미리 알고 땅을 사둔다더라, 국회의원들이 국정감사 한답시고 비밀정보를 입수하여 그것을 이용하여 치부를 한다더라 하는 소문들이 모두 사실로 확인된 것이다. 이러한 고급 경제정보에 어두울 수밖에 없는 일반국민들로서는 분통이 터질 수밖에 없는 노릇이다. 국회의 무슨 무슨 위원장도 그랬고 국회의장이라는 국민의 대표의 대표도 그랬다는 것이다. 그야말로 고양이들에게 생선 지키라고 한 격 그대로이다.

치부 방법도 가지가지이고 치사하기도 이만 저만이 아니다. 거룩한 국민의 대표가 엄청난 재산도 모자라서 수십 가구의 서민들에게 사글세를 매달 거둬들이고 있다든가, 영농농민 아니면 소유할 수 없는 절대농지를 취득하기 위하여 가짜로 부채변제소송을 하는 방식으로 연극 아닌 연극을 했다든가, 상속세를 '절세' 하기 위하여 자식을 거치지 않고 나이 어린 손자에게 막대한 재산을 직접 상속했다는 등 가지가지이다.

그럼에도 이들의 말을 들어보면 대부분이 그것이 왜 잘못됐다는 것인지 이해할 수 없다는 투이다. 어떤 사람은 그 정도야 누구나 하는 짓인데 어째서 나에게만 잘못을 묻느냐고 항변한다. 또 어떤 사람은 나는 전혀 모르는 일이라고 발뺌한다. 수천 평의 땅을 사면서, 모든 일을 부동산중개인에게 일임하였기 때문에 어느 장소의 땅을 어떤 과정을 거쳐 샀는지 알 수 없단다. 그 정도의 '사소한' 일에는 초연하게 살아간다는 식으로 거드름을 피우는 말투에, 스무 평짜리 아파트 한 채를 사면서도 혹시 사기당하는 것이나 아닌가 하고 확인에 확인을 거듭하는 서민들로서는 그저 욕밖에 나오는 것이 없다.

이번에 확실하게 확인된 사실은 권력이든 부이든 많이 갖고 있는, 소위 사회지도층 인사들일수록 치유하기 어려울 정도의 심한 윤리불감증에 걸려 있다는 사실이다. 그야말로 거의 예외가 없이 그렇다. 무엇이 옳고 무엇이 그른 것인지, 무엇이 불법이고 무엇이 정상인지 전혀 가리지 못하는 것 같다.

사태가 이 지경이니 이 꼴을 보고 있는 국민들의 마음이 착잡하지 않을 도리가 없다. 그래도 이 모든 것이 새 정부가 개혁을 추진하기에 앞서서 스스로를 먼저 정화하기 위하여 벌이는 노력에 의하여 드러나는 해묵은 비리들이므로 국민들은 다소나마 시원함을 느낄 만도 하다. 시쳇말로 "자알 한다. 부정추방은 좋은 것이여!"

그러나 이것은 시작이다. 정부와 여당 내에서는 내부분열을 우려하여 이쯤에서 대충 마무리 짓자는 주장이 나오는 모양이지만, 이 정도로는 지난 30여 년간 깊이 뿌리 내린 우리 사회의 병폐를 개혁할 수 없다. 개혁은 개혁을 추진할 수 있을 만큼 깨끗한 정부에 의해서만 가능한 것이다. 개혁의 대상이 되어야 할 정부나 부정척결의 대상이 되어야 할 정치인들이 개혁을 추진할 수는 없는 것이다. 추진할 수 없는 것은 둘째 치고, 그들이 오히려 개혁을 가로막는다. 지난번 정부가 금융실명제니 토지공개념이니 주장만 요란하게 떠들고 실시하지 않은 이유가 이번에 극명하게 드러났듯이, 그 제도를 실시하여야 할 자들이 바로 엄청난 땅투기와 검은 돈을 숨겨야 할 장본인들이었기 때문이다.

그러므로 대통령은 정부와 여당권 내의 인사와 공직자들에 대한 부정추방운동을 멈칫거리지 말고 강력하게 밀고 나가야 한다. 그리고 물론 일시적 행사로 끝내서는 안 되고 임기가 끝날 때까지 계속하여야 한다. 그것만이 개혁의 정당성을 확보할 수 있으며 동시에 국민의 폭넓은 지지를 보장받을 수 있는 길이다. 지난주에 사회개혁운동단체들이 앞으로는 정부타도와 같은 극단적 운동노선은 버리고, 정부의 정통성을 인정하는 기초 위에서 운동을 전개해 나가겠다고 선언한 것은 현 정부에게는 엄청난 힘이 아닐 수 없다. 그러나 분명한 사실은 사회운동단체들도 국민들도 정부가 스스로 깨끗하고 떳떳하지 못하면 그 지지를 거둬들일 수 있다는 것이다. 이 점을 정부는 명심하여야 한다.

부정추방이 이제 시작에 불과하다는 말은 정부와 여당권 내에서 지속적으로 이루어져야 한다는 뜻도 있지만, 그보다도 우리 사회 전체로 퍼져 나가야 한다는 뜻이 더 강하다.

60년대 이후의 급속한 경제성장과 독재정권 아래 정치권뿐만 아니라 사회의 모든 부문이 부정과 비리로 얼룩졌다. 구조적 모순도 그 뿌리가 깊어졌다. 경제계는 물론이고, 이를 감시하고 바로잡아야 할 언론계와 법조계도 예외는 아니다. 예외가 아니기는 고사하고 국민의 원성이 높은 곳이 언론계와 법조계이다. 이 부문은 겉으로는 항상 옳고 거룩한 말만 골라서 하는 곳이므로 국민들이 느끼는 배신감은 더욱 높다.

종교계와 교육계는 어떠한가. 따지고 보면 모두가 오십보백보이다. 가난한 이웃을 생각하여야 할 종교계의 탐욕은 이제 비밀도 아니다. 종교계 인사들의 부도덕은 그들이 가장 도덕적이어야 하는 사람들이기 때문에 더욱 추하게 보인다. 교육계의 부정은 가난에서 비롯되었다고는 하지만 바로 최근에 전 국민이 목도하였듯이 대학이니 교육자니 하는 이름이 부끄러울 만큼 심각한 지경에 와 있다.

그러므로 사회 각 부문에서 홍보성이 아니라 진실된 자정운동이 일어나야 한다. 만약 스스로 자정운동을 일으키지 못하면 별 수 없이 정부가 개입하여 부정을 조사하고 사법적으로 처리하는 방법을 동원할 수밖에 없다. 그 전에 각 부문은 실질적이고 스스로 엄격한 부정추방운동을 펼쳐야 한다. 예컨대 전에 한겨레신문이 촌지 안받기를 선언한 것과 같은 것도 좋고, 점잖은 신문이 낯 뜨거운 성인만화 비슷한 것으로 판매부수를 올리면서도 한편으로는 청소년보호

운운하는 양면성을 버리겠다고 선언하는 것도 한 가지 방법일 것이다. 그리고 언론인들이나 법조인들 가운데 일부일지라도 치부에 너무 열을 올리는 사람은 자체 내에서 배척하여야 한다.

부정추방은 부정을 저지른 사람을 응징하는 것만으로는 성공하지 못한다. 높은 지위에 오르고 재산 모으는 것만이 일생동안 추구해야 할 최고의 가치라고 여기는 가치관이 팽배해 있다면 이미 그 사회는 전체가 제 정신이 아니다. 교양을 갖추고 예술을 사랑하며 사회에 봉사하는 삶이 가장 값진 것이라는 가치관을 형성하여야 한다. 모든 시민이 나서 해야 할 일은 우리가 최고의 가치로 추구해야 할 새로운 삶의 목표가 무엇이어야 하는가를 정말로 심각하게 생각하는 일이다. (뉴스피플 93-03)

껍데기 정답

"일찍이 한 학생이 수학자가 되겠다면서도 되지 못하고 만 일이 있었는데 그건 수학 교과서 뒤에 실린 답들을 맹목적으로 믿었기 때문이었답니다. 그런데 역설적이게도 그 답들은 모두 정답이었지요."

『일분지혜』중에서

교과서에 실린 정답을 모두 믿고 외웠는데도 어째서 수학자가 되지 못했을까? 그 학생의 수학점수는 틀림없이 100점이었을 것이다. 그런데도 수학자가 되지 못한 이유는 무엇일까? 남이 만들어 놓은 정답이란 언제나 껍데기일 뿐이기 때문이다. 알맹이 없는 껍데기에 지나지 않으므로 수학의 참맛이 무엇인지 아는 것은 고사하고, 수학적으로 사고하는 실제의 경험을 할 수도 없다.

마치 등산전문가가 되겠다는 사람이 산마다 헬리콥터를 타고 정상을 다녀오는 것이나 같다. 한라산, 백두산, 에베레스트, 아무리 최고의 명산들 정상을 밟았다 해도, 자기 발로 직접 오른 것이 아니면 등산이 아니다. 헬리콥터 등산은 수천 번을 해도 등산이 아니다. 차라리 이름 없는 뒷동산에 매일 오르는 것이 진짜 등산이다.

남이 만들어놓은 정답 외우기가 공부가 아니듯 남이 만들어 놓은 인생길을 생각 없이 따라만 가는 것도 진짜 인생은 아니다. 내가 직접 선택하고, 체험하고, 고통을 견디고, 실패도 하고 성공도 하는 인생이 진짜 내 인생이다.

그렇다고 학교 다니는 학생이 지금 당장 학교 집어치우고 직접 삶의 현장으로 뛰어드는 것은 무모한 행동이다. 모든 동물이 그렇듯이 인간도 본격적인 삶의 현장으로 들어가기까지는 준비기간이 필요하다. 인간은 다른 동물에 비하여 준비기간이 훨씬 더 길다.

준비를 하되 껍데기 준비가 아니라 진짜 준비를 하여야 한다. 그것은 산을 오르되 헬리콥터 타고 정상에 오르는 바보짓이 아니라 비록 정상에 오르는 데 실패하더라로 내 발로 직접 오르는 것을 의미하며, 비록 정답을 맞추지 못하더라도 수학문제를 처음부터 자신이 직접 풀어보는 노력을 의미한다.

그리고 온통 정답들로만 이루어져 있는 교과서와 참고서에만 매달려있지 말고, 언어가 살아 숨쉬는 시를 읽고, 삶의 고뇌와 환희, 투쟁과 사랑을 이야기하는 소설을 읽으며, 때때로 산과 강으로 나아가 자연의 숨결을 직접 호흡하는 것이야말로 의미 있는 준비이자 삶 그 자체가 될 것이다. (조선일보 93-08)

전쟁을 어떻게 가르쳐야 하는가?

이라크 전쟁을 전후하여 일부 시민들이 반전운동을 벌이고, 학교에서는 일부 교사들이 전쟁의 참혹함을 그림으로 보여주며 반전수업을 실시하였다. 한편 정부는 미국이 주도하는 이라크 전쟁에 국익을 내세워 파병하였고, 국민 일각에서는 파병을 적극적으로 주장하고 지지하였다.

이 과정에서 곳곳에서 파병지지자들과 파병반대자들 사이에 논쟁이 벌어지고 충돌도 일어났다. 특히 학교에서 학생들에게 전쟁반대를 가르치는 문제를 놓고 논쟁이 있었다. 전쟁은 절대적 죄악이므로 반전의식을 고취해야 한다는 주장에 대하여, 학교는 아직 주체적 판단력을 갖추지 못한 아동들을 가르치기 때문에 전쟁과 같은 복합적 주제를 특정 가치관에 편향된 관점으로 가르치는 것은 위험하다는 주장이 제기되었다. 그러면 학교에서 전쟁을 어떻게 다루어야 할까?

전쟁은 매우 중요한 교육주제이다. 인류역사의 정확한 이해를 위해서나 현재의 세계현실에 대한 이해를 위해서도 전쟁은 제외해서는 안 될 주요 주제이다. 어떤 사람은 전쟁은 관점에 따라 반대론과 긍정론이 대립하는 복잡한 사안이므로 학교교육에서 제외하자고 주장하기도 한다. 이라크전쟁 참전과 같이 국익에 복잡하게 얽혀 있는 전쟁이나, 북한의 핵폭탄 제조를 내세운 위협에 대한 대응책으로서의 전쟁여부와 같이 민감한 문제는 차라리 아동들에게 가르치지 않는 것이 현명하다고 주장한다. 그러나 아무리 복합적이고 민감한 문제일지라도 전쟁은 교육에서 제외시켜서는 안 되는 중요한 주제이다. 왜냐하면 전쟁에 대하여 눈을 감는 것은 문제를 해결하는 길이 아니라 문제를 지속시키고, 나아가 오히려 문제를 확대하는 길이기 때문이다.

전쟁을 교육에서 제외하면 안 되는 더 근본적 이유는 인류의 보편적 가치인 평화를 가르치기 위해서이다. 본격적 평화교육을 위해서 전쟁은 비켜갈 수 없는 주제이다. 전쟁에 대하여 눈을 감는 것이 평화에 이르는 길이 아니기 때문이다. 전쟁에 대하여 눈을 감으면 오히려 평화에 다가갈 수 없다. 듣기에 아무리 아름다워도 감상적 노래만으로 평화는 실현되지 않는다. 인류사회에 평화를 진정으로 실현하기 위해서는 감상주의가 아니라 현실주의적으로 접근해야 한다. 그러기 위해서 전쟁은 교육에서 빼서는 안 될 내용이다.

그러면 전쟁에 관해서 학생들을 어떻게 가르칠까? 전쟁에 대한 교육은 관점에 따라 다양하게 실시된다. 전쟁을 보는 시각과 이해관계에 따라 다르게 가르치는 것이다.

전쟁교육에 대한 다양한 접근을 크게 둘로 구분하면 규범적 접근과 과학적 접근으로 나누어진다. 다시 전자는 긍정적 접근과 부정적 접근으로, 후자는 역사적 접근과 구조적 접근으로 구분할 수 있다.

첫째, 긍정적 접근은 이번에 부시대통령이 이라크 전쟁을 '악의 축에 대한 응징' 라고 규정한 것과 같은 시각이다. 과거에 전쟁을 일으킨 수많은 장군들과 제왕들은 자신이 일으킨 전쟁을 항상 그렇게 정당화하고 미화했다. 그런 나라에서 전쟁에 관한 교육은 언제나 '성전' 으로 가르쳤다. 전쟁은 악의 세력을 물리치는 성스러운 사명이거나 적어도 차선책은 된다고 가르치는 것이다. 마키아벨리가 "어쩔 수 없을 때의 전쟁은 정당하고, 무기 이외에 희망이 없을 때에는 무기도 신성하다." 라고 한 말은 그러한 시각이다. 인류의 교육의 역사에는 이러한 접근에 의한 전쟁교육으로 가득 차 있다. 한국의 현대사에서도 남과 북의 학교는 각기 '멸공을 위한 전쟁', '민족통일을 위한 전쟁' 으로 가르쳤다.

그런데 이러한 시각에서의 전쟁은 우리 쪽에서는 '성전' 이지만 적국은 언제나 '전쟁악마' 이므로 반드시 파멸시켜야 한다. 상대의 존재가치 자체를 부정한다. 그러므로 전쟁에서 완전히 승리하거나 상대에 대한 인식을 바꾸지 않는 한 전쟁은 계속된다. 오늘날에도 지구 몇 곳에서는 끊임없는 전쟁이 계속되고 있으며, 그곳에서는 예외 없이 애국심을 고취하고 '성전참여' 를 촉구하는 교육이 줄기차게 진행되고 있다.

둘째, 부정적 접근이다. 전쟁은 무조건 악이므로 용인될 수 없다고 주장한다. 오늘날 반전주의자들이 가지고 있는 시각이다. 군대조직 자체와 무기제조를 비난한다. 이러한 접근에서의 교육은 전쟁의 파괴성과 참혹성을 강조하여 전쟁에 대한 정서적 혐오감을 기르고, 반전논리를 설명한다. 전쟁에 대한 부정적 교육이 나타난 것은 역사적으로 비교적 최근의 일이며, 이렇게 교육하는 학교는 아직 그 수도 많지 않다. 상호 경쟁적인 국민국가 시대가 지속되는 한 이러한 접근은 보편화되기 어려울 것이다.

셋째, 역사적 접근이다. 전쟁교육에 대한 이 접근은 전쟁을 '좋다' '나쁘다' 라고 가치 판단하기에 앞서, 전쟁이 일어나게 된 역사적 배경을 정확히 이해함으로써 각 전쟁의 성격을 규정하려는 것이다. 20세기 초에 조선은 왜 일본에 대하여 독립전쟁을 하였는가? 어떤 역사적 배경이 그 전쟁을 일으켰는가? 이스라엘과 팔레스타인 전쟁의 역사적 배경은 무엇인가? 이러한 전쟁에 대하여 전쟁행위 자체가 좋다 또는 나쁘다 라고 가르치는 것이 아니라 역사적 배경과 전개과정을 정확하게 가르침으로써 그 시대 그 지역에 대한 정확한 이해를 도우려는 것이 역사적 접근이다. 나아가 인류역사의 본질과 인류자체의 본성에 대한 정확한 지식을 갖게 하려는 것이다.

넷째, 구조적 접근이다. 국가 간 지역 간 힘의 질서가 깨지면 새로운 질서를 만들기 위해 전쟁이 일어난다는 시각이다. 이해관계의 국제적 조정기구와 분쟁조정장치가 없거나 작동하지 않은 결과가 전쟁이라는 것이다. 그러므로 전쟁을 근원적으로 방지하기 위해서는 국제적 이해관계의 조정기구를 만들고 합리적 분쟁조정장치를 수립하는 것이 급선무가 된다. 여기에 토대가 되는 것은 국가 간, 문화 간 상호 이해와 존중이다. 상호이해와 존중이 결여되면 전쟁의 불씨는 언제나 살아있기 때문이다.

최근 전쟁에 관한 논쟁이 감정적으로 흐르는 것이 매우 안타깝다. 전쟁은 '좋다' 또는 '나쁘다' 라고 단순하게 규정할 문제가 아니다. 특히 전쟁에 대한 교육을 감정적으로 접근하는 것은 우리 사회를 위해서나 인류의 장래를 위해서 도움이 되지 않는다.

결론적으로 전쟁은 막아야 한다. 그러나 궁극 목적은 전쟁반대가 아니다. 목표는 반전이 아니라 평화이다. 평화를 위해서는 "전쟁하지 말자!"는 외침도 중요하지만, 전쟁의 원인을 근원적으로 제거하기 위한 현명하고 용기 있는 노력이 필수이다. 그러기 위해서는 아이들을 순진하게 만들지 말고 현명하고 용기 있게 가르치는 것이 중요하다. 전쟁을 가르치되 과학적으로 접근해야 한다. (국제이해교육 03-06)

통일한국의 교육구상

그동안 통일의 당위성과 통일에 이르는 방법과 절차, 심지어 통일을 위하여 부담하여야 할 비용에 대해서도 많은 논의가 이루어졌으나, 통일된 새로운 한국이 어떤 나라가 되어야 할 것인가에 관해서는 논의가 적었다. 이점은 교육부문에서도 마찬가지이다.

더러 통일한국의 교육에 관한 제안이 발표되기도 하였지만, 그것들은 독일식의 흡수통일방식을 전제로 하여 현재 남한의 교육제도를 기조로 삼아 부분적 보완을 하자는 남한 우월주의적 발상이거나, 남과 북의 교육제도에서 장점은 취하고 단점은 버리면서 양자를 적절히 융합시키자는 절충주의적 발상이다.

그러나 우리가 정확히 인식하여야 할 사실은 남과 북의 어느 쪽 교육도 정상적으로 형성 발전된 교육이 아니라는 점이다. 19세기 말에 개화의 일환으로 전통적 교육을 서구의 근대교육과 접목시켜 새로운 교육제도와 내용을 만들기 시작하다가 일제에게 국권을 탈취당하여 역사적으로 유례가 드문 가혹한 식민지교육이 이루어졌고 이에 민족의 교육전통이 완전히 파괴되는 지경에 이른 것이었다. 그것은 말이 교육이지 진정한 의미의 교육은 아니었다. 해방이 되자 이번에는 민족이 분단되어 남과 북이 제각기 교육을 이데올로기 경쟁의 도구로 이용하는 도구적 분단교육을 발전시켜 오늘에 이르렀다. 그러므로 남과 북의 어느 교육도 극복의 대상이지 보존의 대상은 아니다.

통일한국의 교육을 구상한다는 것은 새롭게 형성될 정상적 민족공동체를 위한 교육을 새롭게 구상하는 일이나 다름 없다. 새로운 철학과 새로운 교육관에 기초한 교육을 구상하는 것이다.

통일된 한민족공동체의 교육을 구상하는 작업은 남이나 북 어느 한쪽에서 독점할 수도 없고 독점해서도 안 된다. 여러 부문에 남북대화가 진행되고 있듯이 교육에도 남북 간의 대화와 공동작업이 이루어져야 한다. 그러나 교육에 관한 남북대화가 진행되기 이전에도 그리고 대화가 시작되고 진행되는 동안에도, 우리는 새로운 교육의 구상을 위한 작업을 계속하여야 한다. 누가 보아도 수긍할 만하고 설득력 있는 훌륭한 교육제도를 만들어 내야 한다.

통일된 민족공동체의 교육은 다음과 같은 일곱 가지 원칙을 반영하여야 한다고 생각한다.

첫째, 사회구성원 개개인의 학습의 권리를 존중하고 최대한 보장하는 제도이다.

둘째, 체제유지의 도구로 또는 정치, 경제, 종교 등의 목적에 이용되는 교육이 아니라, 인간존엄과 삶의 질을 높이는 교육이다.

셋째, 민족문화의 개성을 파괴하는 교육이 아니라, '한국인' 을 기르는 교육이다.

넷째, 사유(私有)주의와 상업주의적 교육을 탈피하고 교육의 공공성을 담보하는 제도이다.

다섯째, 획일적 교육제도가 아니라 학교와 함께 학교외의 교육기관을 다양하게 운영하고 인정하는 제도이다.

여섯째, 학교를 마친 뒤에도 평생에 걸쳐 필요한 교육을 받을 수 있는 평생교육제도이다.

일곱째, 교육제도와 정책의 결정을 국가 권력이 독점하지 않고, 학부모와 시민단체들이 의사를 반영시킬 수 있는 참여적 지배구조이다.

이상 일곱 가지 원칙을 구체화할 수 있는 새로운 교육제도를 설정하고, 남과 북이 기존 교육제도를 이 방향으로 접근시켜 간다면 통일을 앞당길 수 있다. (한우리연구회 93-06)

캐세키

일본 도쿄에서 철로에 떨어진 일본인을 구하고 자신은 전동차에 치어 숨진 26세 한국인 청년 이수현의 희생적 인간애에 모리 요시로 총리와 수많은 일본인들은 감동하며 조화를 바쳤다. 한 한국인 청년의 용감한 희생정신에 일본인들이 감동의 눈물을 흘리고 있다. 국내에서도 꽃다운 젊은이의 죽음을 애도하면서도 그의 숭고한 살신성인에 민족적 자부심을 느끼며 예찬해 마지않는다. 한 사람의 숭고한 희생은 전 국민의 엄청난 긍지를 살리고 있다. 외국에 나가 있는 한국인들 가운데 민족의 긍지를 높이기는커녕 오히려 한국인의 얼굴에 먹칠을 해대는 못난이들이 적지 않은 실정이므로 이수현의 숭고한 인간애는 더 없이 돋보인다.

한국인 관광객들이 외국에 나가 보이는 추태는 국제적으로 웃음거리가 되어있다. 아무데서나 큰 소리로 떠들고, 비행기나 식당에서 예절 없이 행동하고, 돈푼이나 가지고 있는 것처럼 으쓱대는 추태에 참다 못해 한국인의 출입을 사절하는 곳도 생겨나고 있다.

한때, 중국에 사는 한인 동포에 대한 국내 사기꾼들의 만행은 우리 모두를 참으로 부끄럽게 만들었다. 경제성장으로 돈 좀 벌었다는 한국인들이 이국 땅에서 소수민족으로 어렵사리 살아가는 동족을 도와주기는 고사하고 오히려 그들을 이용하는 일도 드물지 않았다. 흔히 이런 경우에 '소수의 사기꾼들' 운운하지만, 재중동포를 사기 친 사람들은 소수도 아니었다. 사기꾼들 말고도 멀쩡한 저명인사, 기업가, 학자, 종교인들이 동포들에게 호기롭게 '도와주겠다!' 마음 설레게 해놓고, 귀국한 뒤에 종무소식인 경우가 적지 않았다. 동포들의 배신감이 해를 거듭할수록 쌓여 그 증오심이 위험수위를 넘은 것이다.

외국에 나가서 보이는 추태나 오만한 행동뿐만 아니라, 국내에 들어온 중국 동포와 외국인 노동자들에 대한 비인간적이고 부도덕한 행동은 아직도 줄지 않고 있다. 외국인 노동자들에 대한 일부 사업주의 비인간적 행동을 가끔 텔레비전에서 볼 수 있다. 돈벌이를 위하여 고국에 들어와 일하는 중국동포들이 당하는 학대와 사기도 가끔 보도된다.

국제적으로 특히 동남아 일대에서는 한국인에 대한 감정이 이만저만 나쁜 것이 아니다. 동남아 여행 중에 으슥한 곳에 한두 사람씩 떨어져 다니다가 폭행이나 봉변을 당하는 일이 적지 않다. 그만큼 한국인에 대한 감정이 악화되어 있다. 가장 큰 이유가 노동자로 다녀간 사람들이 한국에서 당한 부도덕하고 비인간적인 처우이다. 돈 좀 벌어 보겠다고 한국에 갔다가 온갖 수모와 냉대만 받고 제대로 돈도 벌지 못하고 돌아온 사람들 자신은 물론이고 그들의 가족과 친구들이 모두 한국인을 증오하게 된 것이다.

얼마 전 동남아에 다녀온 사람에게 들은 말이다. 현지에서 택시를 타기 전에 요금을 흥정하다가 맞지 않아, 그만 두자고 손짓하며 "가! 이 자식." 했더니 저만큼 가던 택시가 후진해 오기에 타라는 줄 알고 다가가니, "캐새키!" 소리치고 붕 도망가더라는 것이다. 한국인들이 이 지경으로 증오의 대상이 된 것은 결국 자업자득이다.

그런데 한국의 장래에 더욱 큰일 날 이야기를 들었다. 변호사 회장도 지낸 '할아버지' 변호사의 손자 이야기이다. 아버지 직장 때문에 싱가포르에서 여러 해 학교에 다니다 귀국하여 언어의 이유도 있고 해서 외국인 학교에 다니고 있었다. 며칠 전 손자에게 학교생활이 어떠냐고 물었다. 손자 대답이,

"민족차별이에요."

"민족차별이라니 뭐가?"

"할아버지, 한국 아이들이요, 다른 나라 애들을 꼼짝도 못하게 해요."

"어떻게?"

"식당에서요, 한국 애들이 좋은 자리는 먼저 다 차지하고, 다른 나라 애들은 나쁜 자리 밖에 못 앉아요. 그리고 농구 코트도 좋은 곳은 한국 애들만 차지하고 다른 나라 애들은 나쁜 코트로 가야 해요. 그리고 제가 그 애들하고 함께 놀려고 하면 한국 애들이 못하게 해요. 다른 나라 애들하고는 놀지 말래요."

"싱가포르 학교에 다닐 때는 어땠니?"

"어느 나라 애들하고나 모두 사이좋게 놀았지요. 싱가포르 애들은 다른 나라 애들하고도 사이좋게 잘 놀아요."

할아버지 변호사의 이야기를 듣고, 함께 저녁 먹던 사람들이 모두 "정말 큰일 났다."고 탄식했다. 이게 바로 소위 세계화 시대 한국인의 실상이고, 미래 한국인의 모습이다. 지금 자라나고 있는 우리 아이들이 어른들의 행동을 그대로 반복하고 있는 것이다.

우리는 지난 100년을 오로지 생존을 위한 투쟁과 경쟁 속에서만 살아왔다. 살아남기 위하여 다른 사람을 밀치고 내가 먼저 차지해야 했다. 그래서 우리는 국내적으로 상호 간에 협력의 동반자가 아니라 경쟁의 상대로 여기며 살아왔고, 국제적으로도 다른 나라는 모두 적대국 아니면 경쟁국으로 인식해 왔다. 특히 우리보다 강한 나라 사람들 앞에서는 기가 죽으면서도 약해 보이는 나라 사람들 앞에서는 오만해지고 공격적이 된다.

배타적 경쟁주의가 우리 생활 구석구석에 깊이 스며들어 있다. 더욱 무서운 것은 이러한 외국인에 대한 배타적 의식이 이제는 다음 세대에까지 이어지고 있는 것이다. 이 세계화 시대에 해외동포들은 물론이고 어느 나라 사람들과도 함께 도우며 사는 방식을 어린 시절부터 가르치지 않으면, 세계 속의 한국인의 장래는 결코 밝지 못하다. 보통 사람이 청년 이수현의 숭고한 희생정신을 따라가기는 어렵다. 그러나 해외동포를 따뜻한 인간애로 대하고 외국인들에게 예절 바르게 행동하는 것은 우리 모두의 몫이다. (뉴스플러스 96-11)

세계화시대의 민족정체성과 문화

이번 여름(1996년) 미국 로스앤젤레스에서 '해외 한민족과 차세대'를 주제로 삼아 개최한 제1회 국제 한국학 학술회의는 여러 가지 면에서 의미가 많았고 성과도 컸다. 차세대뿐만 아니라 기성세대까지도 포함하여 해외 한민족의 민족정체성 강조는 긍정적인 면과 아울러 위험한 면도 있음을 참가자들은 지적하였다.

그리고 해외동포의 민족정체성 고양과 민족문화생활화에 관하여 당위성의 여부를 토론하는 것도 중요하지만, 해외동포 2세, 1.5세, 그리고 부모세대의 정체의식 수준과 모국문화이해 수준에 관한 사실적 파악도 똑같이 중요하고, 한국어와 한국문화 교육을 효과적으로 실시할 수 있는 방법과 재정지원체계의 수립방안도 역시 어느 것 못지않게 중요하다는 점이 드러났다.

사흘에 걸친 수십 편의 논문발표와 토론을 통하여 부각된 주요 쟁점과 과제를 내 나름대로 정리하면 다음과 같다.

첫째, 한민족은 구한말 이후로 일제 식민지와 민족 분단 시대를 살아온 지난 100년간 민족의 자존심과 긍지는 크게 손상당했으나, 이제 자신감을 회복하면서 세계무대에 새롭게 등장하고 있다. 이미 세계 각국 국민들이 한국과 한국민을 새로운 눈으로 바라보기 시작하였으며, 돈 벌기 위하여 한국으로 들어오는 외국노동자들이 줄을 잇고, 한국을 연구하고 한국문화를 배우려는 외국학자들이 증가하고 있다. 이에 대하여 한국인들 스스로가 놀라워 할 정도이다.

한민족은 국내에 살고 있든 해외에 살고 있든 한민족으로서의 정체의식을 새롭게 확인하기 시작하였다. 민족의식과 민족문화의 강조는 자칫 배타적 민족중심주의로 빠질 우려가 없는 것은 아니나, 그 위험성을 미리 자제하면서 지난 100년간 위축된 민족적 자신감을 회복하는 일은 절대적으로 필요하다.

민족정체의식을 확립하고 민족문화를 선양하는 일은 결코 다른 민족에 대하여 공격적이거나 배타적인 행위가 아니다. 각 민족이 문화를 보존하고 꽃피우는 일은 인류문화에 다양성을 보태는 큰 공헌이다. 민족문화를 발전시켜 인류문화의 다양성에 기여하는 것은 소홀히 해서는 안 되는 각 민족의 책임이기도 하다. 집단에서 개성 없는 개인보다 뚜렷한 개성을 지닌 사람이 더욱 소중한 것과 똑같다. 그러므로 어느 민족이 문화를 스스로 보존하지 못하여 소멸하게 만든다면 그것은 식물이나 동물의 어떤 종을 멸종시키는 것보다 몇 배 더 큰 죄악에 해당한다.

둘째, 민족정체성과 민족문화는 차세대만의 문제가 아니고 기성세대의 문제이기도 하다. 왜냐하면 부모세대라고 해서 한민족으로서의 긍지가 반드시 굳건한 것이 아니고, 더욱이 한민족의 전통문화를 부모세대도 제대로 체득하지 못했기 때문이다. 사실은 식민지 시대는 말할 것도 없고 해방 이후의 학교도 전통문화보다 서구문화를 가르치는 데에 급급했기 때문에 학교교육을 많이 받은 사람일수록 민족문화에 관하여 오히려 무지하다.

그러므로 차세대에 대한 교육뿐만 아니라 부모세대의 민족문화 학습도 시급하다. 그러고 보면 해외 동포뿐만 아니라 모국의 국민들도 민족문화 교육을 제대로 받지 못했기는 마찬가지이다. 따라서 해외차세대, 해외부모세대, 모국국민 모두에게 민족정체성과 민족문화 교육은 필요하다.

셋째, 개인과 마찬가지로 민족도 성장한다. 유아기와 아동기에는 부모에게 전적으로 의존하기 때문에 자아의식이라 할 만한 것이 없다. 그러나 청소년기에는 자아의식이 발전하기 때문에 자기주장이 강하고 때때로 공격적이다. 이 시기를 지나면 성숙한 자아의식을 갖게 되어, 스스로 당당한 주체성을 지니면서도 다른 사람들을 인정하고 그들과 어울려 살 줄 안다.

민족의 정체의식도 이와 마찬가지의 성장단계를 거친다. 우리 민족은 현재 청소년기에 해당한다고 할 수 있다. 그러므로 때때로 공격적이고 거칠며, 감정적이고 불안정하다. 그러나 우리가 노력하면 곧 성숙단계로 들어설 것이다. 그리하여 뚜렷한 민족적 긍지와 자존심을 가지고 다른 민족들과 서로 도우며 살아가게 될 것이다. 이런 시기를 앞당기는 것이 우리 모두의 과제라고 생각한다. 한반도에 살고 있는 7천만과 세계 곳곳에 흩어져 있는 7백만 해외동포들의 공동 과제이다.

한국말을 다듬고, 한국 음악과 한국 미술를 소중히 여기며, 한국식 생활문화를 가꾸는 일이야말로 한국인밖에는 누구도 대신해 줄 수 없기 때문이다. (홍사단 96-08)

변하는 중국교육

중국이 정치적으로는 기존체제를 유지하면서 경제적으로는 자본주의를 부분적이지만 성공적으로 도입(1993년)하고 있는 것은 누구나 알고 있는 사실이다. 그러나 개방적 경제정책의 추진은 경제부문의 변화로 끝나지 않고 사회 각 부문에도 엄청난 변화를 유발하고 있다. 교육에도 맹렬한 변화의 바람이 불고 있다.

공산당정부를 수립하자마자 모택동은 사회주의교육체제를 신속히 수립하고 10억 중국인을 사회주의적 모택동사상으로 무장시키는 거대한 교육사업을 추진하였다. 기술교육과 전문가양성을 도외시하지는 않았지만 사상훈련에 역점을 두어 왔다. 사상훈련인 홍(紅)과 실용적 교육인 전(專)이 교차하면서도 교육의 기본 성격은 '홍'에 기초를 두고 있었다. 그런데 교육의 기본성격이 전적으로 '전'으로 바뀌고 있는 것이다. 나아가 자본주의 교육제도를 도입하는 데에 안간힘을 쓰고 있다.

그에 따라 중국 교육도 치열한 경쟁적 입시교육으로 급속히 변질되고 있다. 이제는 사회주의 교육의 모습은 찾아보기가 어렵게 되었다. 중국 중고생들의 일기를 보면, 어쩌면 그렇게도 우리나라 학생들과 똑같은 생활을 하고 있는지 놀랍기 짝이 없다. 천진시의 어느 고등학교 2학년생의 1991년 1월 9일 일기이다.

> 아침에 일어나니 어머니는 명령조로 말했다.
>
> "시험준비 다 되었니? 요번 시험에서 기홍이를 꼭 이겨야 한다."
>
> 나에게 가장 반감을 자아내는 말이다. 내가 뭐 기홍이를 위해 공부하는가? 어머니는 참…… 요즈음 나는 시험을 앞두고 특별대접을 받는다. 책상 위에는 과실, 사탕, 과자, 보약들이 향기롭게 쌓여 있다. 이만큼 나는 또 공부방에 갇혀 특별감독을 받는다.
>
> 부모님은 나를 대학에 보내기 위해 일체를 헌신한다. 아버지는 어제 내 수학참고서를 사기 위해 온 천지 서점마다 참빗질하듯 훑어보았다. 눈물나게 고맙다.
>
> 그러나 좀 유감스럽다. 부모들의 특별한 사랑은 나의 자립성을 빼앗아간다. 나는 미국청년들의 자립성을 숭배한다. 우리만큼 크면 부모님들이 자식들의 생활을 지나치게 간섭할 권리가 없어야 한다. 부모님은 나를 낳아주고 키워준 값을 받는 것 같다. 나를 자기 마음대로 간섭하며 쥐락펴락한다. 집에 오면 잔소리,
>
> "소설책을 보지 말라. 텔레비전을 보지 말라. 옷을 소박하게 입으라. 여자친구를 사귀지 말라……."
>
> 실로 신경과민증에 걸릴 정도로 듣기 싫은 말이다. 요새는 또 공부 잔소리에 신물이 날 정도이다. 기말시험에서 특등을 못하면 그 특별대접이 특

별 욕사발로 쏟아지겠지.

다음은 절강성 의오시에 소재한 중학교 3학년 생의 1991년 11월 3일 일기이다.

오늘은 나의 생일날이다.

첫 시간은 영어낭독 시간이었다. 선생님은 첫 번째로 내 이름을 불러 세웠다. 나는 당황했다. 아무리 책가방을 뒤져도 영어교과서가 어디로 빵소니쳤는지 안 보였다.

"립평이는 도대체 학생이니, 건달이니? 교과서도 없이…… 립평 0점."

나는 멍청히 선 채로 피할 새도 없이 머리가 깨질듯 '빵'하고 빵점을 맞았다.

두 번째 시간은 수학시간이었다. 선생님은 돌연습격으로 시험을 치렀다. 오후에 수학시험지를 받았다. 59점. 온몸이 하늘보다 높은 절벽에서 뚝 떨어지는 듯 정신이 아찔했다. 59점 시험지 위에 눈물이 떨어졌다. 저녁에야 엄마는 나의 생일을 축하했다. 16살 생일날, 빵점과 59점을 먹고 배가 부른 생일날, 빨간 아픔을 켜든 촛불마다 눈물의 생일을 태우고 있었다.

중국정부는 지난해 11월, 대학운영비의 자체조달을 확대시키기 위하여 미국식(한국식도 같은 것이지만)으로 대학교육의 수익자부담제를 채택하기로 결정하였다. 그리하여 금년 4월의 대학신입생 가운데 4분의 1이상을 자비부담학생으로 채웠다. 중국의 중등학교학생들의 입시경쟁이 한층 더 치열해진 것은 물론이다.

결국, 중국은 사회주의체제를 유지하면서 경제부문만 시장원리정책을 채택하는 제한적 개혁정책을 추구하고 있지만, 시장적 경쟁원리는 교육에도 빠르게 파급되고 있는 것이다. (서울신문 93-06)

탁아소설립은 여성만의 일이 아니다

정부가 확정한 내년도(1994년) 예산안 속에 눈에 잘 띄지도 않는 항목이 하나 구석에 숨어 있다.' 여교사 탁아 시설 설치비 5억' 이다. 자세히 보면 한 줄이 더 쓰여 있다. '40개소 시설비의 50%' . 이 예산 항목은 굳이 해설을 붙이자면, 어린아이를 가진 젊은 여교사들을 위하여 탁아시설을 설치하는 비용의 보조비로 40개 탁아소 설치비의 절반을 국고에서 지원하겠다는 것이다.

방대한 예산안의 구석의 구석에 숨어 있는, 그리고 '몇 푼 되지도 않는' 항목에 대하여 여교사들은 더 없이 반기는 표정이다. 그도 그럴 것이 어린아이를 가진 여교사들에게는 탁아 문제야말로 이만저만 심각한 현실적 고민이 아니기 때문이다. 현재 전국 초·중·고등학교에 근무하는 기혼 여교사들 세 명 중 한 명은 여섯 살 미만의 영유아를 가지고 있으나, 대다수가 학교에서 근무하는 낮시간 중에 아이를 맡겨둘 마땅한 곳이 없어, 여교사들의 제일가는 고충 사항이 되고 있다. 남의 아이들을 가르치기 위하여 정작 나의 아이는 아무 대책 없이 집에 떼어 두고 출근하여야 하는 젊은 어머니 교사들의 고통은 남들이 상상하는 것보다 훨씬 심각하다.

여성의 사회진출이 늘어나고 동시에 우리의 가족구조가 대가족으로부터 핵가족으로 바뀌면서 가정에서 어린아이를 돌보지 못하는 가정의 수가 급속히 늘어나고 있다. 그러나 이 부문에 대한 국가정책의 관심은 전무하다시피 해서, 여성들이 나서서 직장탁아소와 지역탁아소 설치를 요구하는 운동을 펴오고 있음에도 불구하고 정부의 반응은 미미하다. 그러므로 사회봉사차원에서 뜻있는 여성들이 운영하는 탁아소들과 가정부업 차원에서 개인들이 얼마씩 받고 맡아주는 '아이보기'가 고작이며, 그나마 그것들도 수가 적고 엄마들이 안심하고 아이를 맡길 수 있는 수준의 시설은 전국적으로 몇 개 되지 않는다. 전문탁아시설의 설치에 대한 요구가 대단히 높은 것은 말할 나위도 없다.

탁아시설은 여성을 위해서만 필요한 것은 아니다. 남성을 위해서도 필요하고 사회 전체를 위해서도 필요하다. 아이를 잘 양육하고 교육시키는 것은 어머니와 함께 아버지의 책임이며, 나아가 사회전체의 책임이기 때문이다. 그리고 영유아기에 아이를 정상적으로 양육, 교육하는 데 실패하여 청소년 문제와 사회 문제가 증가하면 그 피해는 사회전체가 입게 된다.

영유아기의 교육의 관점에서 보면 우리 사회는 지금 빠른 전환기를 통과하고 있는 중이다. 영유아의 양육과 교육을 각 가정이 개별적으로 담당하던 시대로부터 사회가 담당하여야 하는 시대로 옮겨가고 있다. 여성들은 점점 더 사회로 진출하고 있고, 가정은 거의 핵가족화되고 있는데, 이것은 피할 수 없는 시대적 변화이다. 그럼에도 국가의 제도와 정책이 이 변화에 따라가지 못하여 문제가 누적되어 있는 것이다. 사회변화를 한발 앞서서 예측하고 그에 맞추어 정책을 수립하여야 잘 하는 국정운영이라고 할 수 있다. 사람이 바뀌었다고 새 정부가 아니다. 국정을 새로운 방식으로 운영하여야 새로운 정부이다.

여교사들의 취학 전 자녀를 위한 탁아 시설은 현재 전국에 18개소에 지나지 않는다. 이중 초등학교에 16개, 중학교에 2개소이다. 금년 말 까지 11개소를 더 늘릴 계획인데 그것까지 합쳐도 29개소뿐이다. 내년에 40개소를 더 증설한다고 해도 모두 69개이다. 전국에 초 · 중등학교가 1만여 개이니, 학교 탁아소 설치는 이제 겨우 시작에 불과하다. 학교마다 탁아 시설을 할 필요가 있겠느냐고 반문할 수 있겠으나, 학교 탁아 시설은 여교사 자녀뿐만 아니라 인근 지역사회의 자녀들도 수용하는 시설로 기능을 확대시킬 필요가 있다. 그렇게 함으로써 날로 늘어나는 탁아의 수요를 충족시켜 나가는 것이 국가적 견지에서 효율적 정책이다. 학교 탁아소를 늘리면서 인근지역의 어린이들도 함께 수용하도록 제도를 발전시킬 필요가 있다. (통일한국 93-10)

한국인의 품격은?

교육개혁위원회 일로 외국의 교육제도개혁에 관한 현지 조사를 위하여 출국하는 날(1995년), 공항대합실의 광경을 보고 놀라지 않을 수 없었다. 그 넓은 대합실이 구정연휴를 이용하여 하와이, 괌, 사이판 등 따듯한 피한지로 떠나는 관광객으로 발 디딜 틈도 없이 가득 차 있는 것 아닌가. 아마 여행객의 95퍼센트는 관광여행을 떠나는 사람들인 것 같았다.

수십 개의 여행사마다 깃발을 세워 놓고 사람 숫자를 헤아리고, 무더기로 쌓여 있는 큼직한 여행 가방들을 챙기느라고 부산을 떠는가 하면, 없어진 사람 찾느라 큰 소리로 이름을 불러대고…… 시골 장바닥이나 다름없는 북새통이다. 우리나라 사람들 목소리는 왜 또 그리도 큰지…….

어느새 우리나라가 연휴를 이용하여 피한이나 피서 여행 떠나는 사람으로 공항이 가득 차는 데까지 이르렀다. 하기는 추석이나 구정 연휴에 국내선, 국제선 할 것 없이 관광지행 비행기 좌석 예약하기가 별따기만큼 어려워졌다는 이야기를 들은 지 이미 몇 해 되었다. 아직 일부 계층이기는 하지만 우리도 이제 풍요의 시대로 들어서고 있는 것이다.

우리나라가 선진국이 되었다고 말하는 사람들도 있다. 물론 해외관광 여행자수가 늘었다는 사실만을 가지고 선진국이 되었다고 말하는 것은 아니겠다. 여러 가지 사회 경제적 현상에 비추어 선진국 진입 운운하는 것이겠지만, 아마도 가장 그럴듯한 근거는 선진국들의 모임인 경제협력개발기구(OECD)에 한국이 회원가입을 신청했고, 가입승인직전에 있다는 사실일 것이다. 가입이 이뤄지면 한국이 선진국이라는 사실을 국제적으로 인정받게 되는 것이기 때문이다.

외국을 여행하면서 보면 한국의 국제적 위치가 전과 달라졌다는 것을 실감할 수 있다. 우리를 대하는 외국 정부관료나 시민들의 태도가 확연히 다르다. 선진국사람이건 후진국사람이건 마찬가지이다. 선진국 사람들은 과거와는 다르게 한국을 대등한 파트너인 동시에 경쟁자로 바라본다. 한편 후진국 사람들은 이십여 년 전까지만 해도 자기들과 같은 수준에 있었던 한국이 몰라보게 달라진 것을 놀란 눈으로 바라보면서, 무엇인가를 도움 받고 배우려는 몸짓을 보인다. 한국의 국제적 위상이 확실히 달라진 것이다.

우리들 자신보다도 오히려 다른 나라 사람들이 우리를 새로운 나라, 새로운 국민으로 바라보고 있다. 우리들 스스로는 지난 삼십여

년의 경제건설로 가난을 벗어나 잘 살게 되었다는 정도의 인식을 가지고 있지만, 다른 나라 사람들은 우리를 경제적으로 뿐만 아니라 문화적으로나 국제정치적으로도 한 차원 높은 선진국으로서의 역할을 기대하고 있는 것이다. 어쩌다가 재수가 좋아 돈 좀 번 졸부가 아니라 교양과 품위를 갖춘 신사로 행동해 주기를 바라고 있는 것이다.

여러 해 전에 말레이시아 친구가 하던 말이 생각난다. "한국이 경제적으로 발전하고 있는 것을 동남아 사람들은 한 편으로 부러우면서도 또 한 편으로는 기분 좋게 생각한다. 왜냐하면 일본이 경제 대국이라고 우쭐대며 우리를 얕잡아 보고 경제적 지배를 강화해 왔기 때문에, 한국이 나서서 일본을 조금이라도 눌러 주기를 바라는 마음이 있기 때문이다. 그러니 한국은 경제적으로 성공하더라도 일본처럼 되지 말고, 우리 동남아 국가들에게 마음 넓은 형님처럼 되어 주었으면 좋겠다."

그런데 우리는 과연 그들의 기대에 맞게 행동하고 있는가? 정부의 국제적 역할을 제쳐 두고라도 개인들의 행동은 어떤 수준인가? 외국관광여행을 다니면서 한국인들이 별별 망신스러운 짓을 다 한다는 것을 이제는 세상이 다 안다. 한국인 관광객은 받지 않는 식당도 생겨났다. 다른 차원의 추한 한국인들도 있다. 소수이지만 열심히 살아가는 한국이민자들을 높이 평가한 호주 정부는 한국으로부터 새로운 투자이민을 받았다. 그러나 새로운 이민자 가운데 다수가 경제활동은 하지 않고 시민권을 이용하여 국가의 복지혜택만 받으려 하기에 호주경제에 도움이 되기는커녕 오히려 손해만 끼쳐 이제는 한국인 투자이민은 받지 않기로 했다고 한다.

우리는 이제 국제사회의 구성원으로서 국가적으로나 개인적으로나 새롭게 시작하여야 한다. 선진국 국민답게 품위 있게 행동하고 생각하는 것을 배워야 한다. 품위 있는 행동과 사고는 돈 좀 벌었다고 우러나는 것이 아니다. 마음먹고 배워야 한다. 그래야 품위 있는 사람이 된다.

삼월은 시작의 달이다. 신입생들은 새로운 학교를 시작하고 재학생은 새 학년을 시작한다. 많은 신입 사원들이 직장생활을 시작하는 달이기도 하다. 첫딸, 첫아들을 초등학교에 입학시키는 젊은 어머니와 아버지는 아이뿐만 아니라 자신들도 학부모로서 새로운 삶을 시작한다. 그리고 삼월의 새 봄은 누구나가 무엇인가 새로운 시작을 하도록 만든다. 새로운 시작의 달 삼월에, 생각과 행동의 품위를 높이는 것부터 배우면 어떨까? (샘터 95-02)

세계 최대 콤플렉스

'서울시민의 날' 이라는 게 있는 줄 몰랐다. 10월 27일 일요일인데도 서울시내 교통이 너무 심하게 막혀, 알고 보니 '서울 시민의 날' 전날 행사 때문에 그렇게 된 것이었다. 시청 앞을 지나가는 도로의 자동차통행을 몇 시간이나 막아 놓고 광장에서 노래판을 벌이고 있었다.

시민의 날 행사는 다음날에도 시내 이곳저곳에서 계속되었다. 시민의 날 행사로 제일 걸작인 것은 세계 최대라고 자랑하는 서울시 깃발이었다. 가로 160미터, 세로 103미터, 무게 2톤이라는데, 그것을 올해가 1996년이라고 1996명이 달려들어 펴놓으니 운동장 바닥을 완전히 덮어 버린다.

저렇게 큰 깃발을 어디에 걸어 놓을 것인가. 남산 탑? 63빌딩? 아무리 상상을 해봐도 걸어 놓을 곳이 없다. 걸지 못하면 둘둘 말아 어디에 처박아두는 수밖에 없겠지…… 그건 그렇고, 저렇게 큰 깃발이었면 제작비도 만만치 않게 들었을 것이다. 우리 시민들 세금 꽤나 축이 났겠군. 쓸데없는 생각이 꼬리를 문다.

도대체 '세계 최대' 깃발을 만들자는 발상이 어떻게 나왔을까.

서울시청 관리들이 '대(大)' 자 콤플렉스에서 벗어나지 못하고 있음이 분명하다. 그렇지 않고서야 어떻게 걸어 놓을 수도 없는 깃발을 만들어 놓고 "우리는 세계 최대 깃발을 가졌다."라고 자랑할 수 있겠는가. 그런 식이라면 전봇대 두 개 갖다 놓고 "우리는 세계 최대 젓가락을 가졌다. 기네스북에 올리자."라고 못할 것도 없다.

사실 '대' 자 콤플렉스는 서울시관리들만의 문제가 아니다. 우리 모두의 문제이다. 우리는 '대' 자를 너무 좋아 한다. 거의 무의식적으로 아무데나 '대' 자를 갖다 붙인다. 한강다리, 광진교, 제3한강교 하던 것들이 모두 한강대교, 광진대교, 한남대교가 됐다. 어느 나라를 가 봐도 크던 작던 다리는 그저 다리이지 '그레이트 브리지' 같은 명칭은 없다.

다리 명칭만이 아니다. 길 이름도 강남대로, 올림픽대로이다. 그 밖에도 잠실 대운동장, 대강당, 어린이 대공원이다. 가정집 출입문은 '대문' 이다. '대' 자 투성이다. '숭례문' 이라는 멋진 이름은 온데간데없고 '남대문' 이다. '사우전 그레이트 게이트' 인가? '흥인문' 은 '동대문' 이 됐다.

'대' 자 콤플렉스는 약소국 의식에서 나온 것이다. 과거에 모든 것의 표준을 중국으로 삼았을 때부터 형성된 것이다. 중국을 표준으로 삼으니 우리 것은 모두 작게만 느껴졌고, 그래서 큰 것을 지향하는 의식이 형성됐다. 스스로를 작은 존재로 규정해 놓고 큰 것에 대한 콤플렉스를 키워온 것이다. 이것은 어느 누구의 탓도 아니다. 우리 스스로가 만든 것이다.

차원이 낮은 사람들은 매사를 크기에 매달리고, 크기로 평가한다. 머리가 아둔한 사람일수록 자기 덩치 큰 것을 자랑하고, 졸부일수록 돈 많은 것을 자랑한다. 내용이 부실한 물건일수록 포장만 요란하고, 말의 내용이 없을수록 장광설이 된다. 국회에서 회의하는 것을 보아도 실력 없는 국회의원일수록 목소리가 크고 표현이 거칠다.

속이 꽉 찬 사람은 크기로 사물을 평가하지 않고 내용을 본다. 한 인간의 수준은 인격에 있는 것이지 덩치에 있는 것이 아니지 않는가. 한 국가, 한 민족의 수준도 마찬가지가 아니겠는가. 인구가 많고 땅이 넓다고 위대한 민족인가? 아무것에나 '대' 자를 붙인다고 위대한 민족이 되는가? 오히려 남들의 비웃음밖에 살 것이 없다.

알고 보면 한국이 작은 나라도 아니고 약소국은 더욱 아니다. 인구로 볼 때, 남북한 인구를 합치면 유럽 어느 나라보다도 크다. 통일 독일만 우리보다 인구가 조금 많을 뿐이다. 물론 인구 많다는 것이 꼭 자랑할 만한 것은 아니지만 우리가 작은 나라라고 생각하는 사람들에게 확인시켜 주고 싶은 사실이다.

'대' 자 콤플렉스는 열등감에서 나온다. 더 이상 '대' 자, '세계 최대' 에 집착하지 말자. 문화로 자랑거리를 만들자. (뉴스플러스 96-11)

새 경연을 차릴까?

"전하께서는 말씀은 겸손하게 하시나 공론을 좇지 않으시며, 나만 옳고 남은 그르다 하시니, 이는 남들이 나보다 못하다고 여기시는 것이 아니옵니까. 신이 적이 답답하옵니다." 이율곡 선생이 1573년 늦가을 어느 날 선조 임금 경연(經筵)에서 훈계하는 말이다.

율곡은 선조 6년 홍문관 직제학에 임명되었으나 사양하며 고향에 머물러 있었다. 그러나 다시 임금이 세 번이나 부르니 더는 거역하지 못하고 직책을 맡는다. 그는 임금을 가르치는 경연관을 담당한다. 선왕 명종 때에도 경연에 참여하여 '맹자' 등 경전을 강론하였다.

왕조시대에는 임금이 국가의 주권자로서 국정의 최종 결정권을 쥐고 있었으므로, 덕스럽고 유능한 군왕으로 교육하는 일이야말로 가장 중대한 국가의 과업이 아닐 수 없었다. 군왕을 잘 가르쳐야 한다는 생각은 고대 그리스의 플라톤도 가지고 있었다. '국가론' 은 플라톤이 구상한 국가지도자 교육론이다. 그러나 우리 민족처럼 확립된 군왕교육제도를 오랫동안 유지하며 철저히 시행한 나라는 어디에서도 찾아볼 수 없다.

오늘날과 마찬가지로 옛날에도 군왕들이 공론을 존중하지 않고, 배우는 데 성실하지 않았던 모양이다. 백성과 신하들의 말에는 들을 만한 것이 없고 자기 판단만이 옳다고 믿어, 자기주장을 강요했던 모양이다. 그래서 율곡이 임금을 훈계하고 있는 것이다. 율곡은 이어서 선조를 이렇게 타이른다.

"옛 성인도 스승이 있었으니, 스승이 꼭 자기보다 나은 것이 아니라, 한 마디의 선으로도 스승을 삼는 고로, 꼴 베는 사람의 말도 성인은 택하는 것입니다. 임금이 높은 자리에 앉아서 스스로 지혜롭다 생각하면 좋은 말이 어디로 들어가겠습니까. 반드시 두루 듣고 널리 물어서 선한 것을 택하여 받아들여야, 뭇 신하가 다 스승이 되고 뭇 착한 것이 임금 한 몸에 합하여 덕업이 넓어질 것입니다."

어찌 임금뿐이랴. 옛날이나 지금이나 정치지도자들은 국민을 계도하려고만 들고, 그들의 말에 귀 기울이지 않는다. 지도자라는 사람들도 마찬가지이다. 지식인, 언론인, 종교인 대다수도 항상 스스로 교육자라고만 자처한다. 자신도 학습자라는 사실은 자주 잊는다. 습관적으로 다른 사람을 설득하고 가르치려 들고, 남들로부터 배우려고 하지 않는다. '알 것을 다 안다' 는 환상에 빠져 있는 것이다.

지금 우리에게 가장 절실한 일은 '지도자가 가르치는 사회'로부터 '지도자가 배우는 사회'로 전환하는 일이다. 지도자라는 사람을 모두 모아서 가르치는 경연이라도 새로 차려야 하지 않을까? (교수신문 04-06)

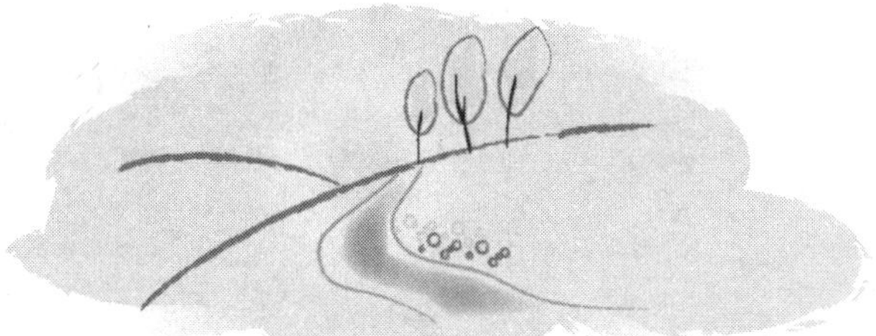

part2 교육개혁의 목표는?

교육개혁의 목표는? | 교육정책으로 학부모를 그만 괴롭혀라 | 전문가시대에 대비하는 대학과 대학생 | 수능시험 부정사건의 연루자들 | 모두가 나서 학교를 살리자 | 대학개혁, 큰 안목으로 | 대학문을 활짝 열고, 구조를 개편하자 | 고령교사에 관한 정책 | 대학의 국제경쟁력 | 입시 혼란을 이대로 두지 말라 | 남의 못에 인재양성 못자리? | 고교입학 내신선발의 허와 실 | 대졸 취업난와 대학교육의 모순 | 교직윤리헌장은 왜? | 아무도 책임지지 않는 교육의 품질 | 교과서 값으로 물가를 잡는 나라 | 대입선발제도의 성공조건 | 졸업자격기준이 있는가? 필요한가? | 교육은 이미 개방시대 | 자식 교육비 줄여 자가용 굴리는 사람들 | 대학을 살려야 한다 | 교육개혁과 시민운동

교육개혁의 목표는?

교육개혁논의가 진행 중이다(1994년). 학제를 바꾸자. 입시제도를 개혁하자. 교원의 양성과 임용제도를 개혁하자… 교육이 병든 지 오래이므로 근본부터 개혁하지 않으면 안 된다고 누구나 주장한다.

그런 교육개혁이 현실성을 띠려면 교육예산을 적어도 국민총생산의 5퍼센트로 늘려야 한다는 주장도 누구나 입버릇처럼 되뇐다. 국민총생산의 5퍼센트를 교육예산으로 배정한다고 해서 교육비가 충분해지는 것은 물론 아닌데도 불구하고, 학교가 워낙 가난하기 때문인지 교육계 전체가 국민총생산 5퍼센트라도 확보하면 마치 교육현안문제들이 술술 풀릴 것 같은 분위기이다.

그러나 교육비를 국민총생산 5퍼센트로 확보한다고 해도 돈이 교육을 정상화시키는 것이 아니므로 더 확보한 예산을 어디에 어떻게 배정하여 교육을 발전시키고 정상화할 것인지 교육자들은 구체적이고 확고한 계획을 만들어 놓고 있어야 한다. 돈이 없어서 할 일을 하지 못한다고 푸념하다가 막상 돈이 주어지면 무엇을 어떻게 해야 할지 몰라 쩔쩔매는 경우도 적지 않으므로 교육계는 증액되는 예산을 어떻게 쓸 것인지 미리 계획을 세워 두어야 한다.

각종 제도의 개혁도 마찬가지이다. 중등학교 교육이 파행 운영되도록 만드는 가장 중요한 원인이 대학입시제도라는 데에 누구도 이견이 없을 정도이지만, 그렇다고 해서 대학입시제도가 최선의 제도로 바뀐다고 중등학교 교육이 자동적으로 정상화되는 것은 아니다. 대학입시제도가 중등학교 교육의 정상적 운영을 가로막는 주범의 하나인 것은 틀림없는 사실이지만, 대학입시제도가 중등교육을 만드는 주체는 아니기 때문이다.

과거에 중학교입학시험이 실시되고 있을 때 초등학교 교육을 망치는 주범이 중학교입시라고 누구나 입을 모았으며, 따라서 중학교입학시험만 폐지되면 초등학교 교육이 정상화될 수 있다고 믿었다. 그러나 중학교입시가 폐지된 지 25년이 가까이 지났지만 누구도 오늘의 초등학교 교육이 바람직한 것이라고 생각하지 않는다. 중학교입시가 정상적 초등학교 교육을 가로막는 장애요인이었던 것은 사실이지만, 중학교입시의 폐지가 곧 초등학교 교육의 정상화를 의미하는 것은 아니었기 때문이다.

상급학교입시의 영향이 없기는 대학도 마찬가지이다. 대학이야말로 상급학교입시에 시달릴 것도 없고 어느 누구의 눈치를 볼 것도 없다. 그럼에도 불구하고 오늘날 우리대학의 문제는 하나 둘이 아니다. 교육적 기준으로 보면 대학은 대다수가 형편 없는 엉터리들이다. 교육의 질이 말이 아니다.

교육개혁의 궁극적 목표는 학교 안에 있다. 제도의 개혁, 교육예산의 증액, 교육지원을 위한 사회적 여건의 조성 등은 교육의 정상화와 발전을 위하여 필요한 것들이기는 하지만 그것들만으로는 충분하지 않다. 그렇다면 교육정상화와 발전을 위한 충분조건은 무엇인가?

성철스님이 어느 해 전 국민을 위한 법어로 '물은 물이요 산은 산이라' 고 했지만, 학교는 국민들의 교육받을 권리를 보장하기 위하여 '가르칠 것을 가르치는 곳' 이다. 그것이 학교의 정상적 모습이다.

가르쳐야 할 것은 무엇인가? 현행 학교제도하에서는 법령으로 정해놓은 '교육과정' 이 있다. 그 법령 교육과정에 근거하여 편찬된 교과서도 정해져 있다. 현행 교육과정과 교과서가 최선의 것이냐는 데에는 여러 의견이 있다. 심지어 교육과정과 교과서의 내용을 전면적으로 개편하자는 주장, 교육과정과 교과서에 관련된 제도 자체를 개혁하자는 주장들도 있고 또 그러한 주장들 가운데에는 귀담아 들어야 할 것들도 있지만, 그럼에도 학교는 현행의 것들을 열심히 가르쳐야 한다는 데에는 이견이 있을 수 없다.

학교의 시설과 모든 조직은 이 가르쳐야 할 것들을 잘 가르치기 위하여 필요한 것이고, 교사도 바로 이 목적을 위하여 존재하는 것이다. 교사의 교권확보, 처우개선, 근무여건향상 등도 궁극적으로는 학생들에게 가르칠 것을 잘 가르치기 위하여 필요한 것이다. 그런데 한번 스스로 물어보자. 우리는 얼마나 잘 가르치고 있는가?

고등학교의 한 학급에서 소위 일류대학에 열 명이 합격했다. 잘 가르쳤는가? 바로 그 학급에서 국어와 자연과학의 기초실력이 중학생 평균 수준에도 미달하는 학생이 스무 명이 나왔다. 그래도 잘 가르쳤는가? 잘 가르쳤다는 기준이 무엇인가? 이야기를 초등학교로 옮겨보자. 4학년을 마치고 모두 5학년에 진급했다. 그 학생들은 4학년 과정에서 배워야 할 수준만큼 모두 배웠는가? 여러 자료를 기초로 판단하건대 많은 학생은 제대로 배우지 못하고 있다. 그렇다면 진급의 기준은 무엇인가? 교사가 제대로 가르쳤는지 여부를 판정하는 기준은 있는가? 잘 가르쳤는지 여부를 판정하는 장치는 있는가?

우리들 학교에는 그런 기준이 없다. 그런 장치도 없다. 그러므로 어느 교사가 훌륭한 교사인지를 판별하는 기준도 없다. 그래서 학교사회에서 승급 승진은 기계적 절차에 따라 이루어지거나 아니면 정실에 의하여 좌우된다. 그 때문에 학교 내부에 상호불신과 갈등이 끊이질 않는다.

학교와 학교를 정상적으로 비교할 기준도 없다. 기껏해야 상급학교에 몇 명을 넣었느냐는 것뿐이다. 얼마나 많은 학습미달자가 발생했는지는 고려하지도 않는다. 유능한 교장을 가리는 기준으로 상급학교합격률이 관행화된 지 오래이다. 학습미달자가 나와도, 그리고 그들에 대한 아무런 교육적 배려를 하지 않아도, 교장의 유능과

무능을 판별하는 기준으로는 고려되지 않는다. 이것이 정상적 교육이고 정상적 학교인가?

교육에 대한 의식의 문제이다. 비정상적 교육에 오랫동안 젖어 온 탓으로 무엇이 정상이고 무엇이 비정상인지를 가리는 기준에 관한 의식이 흐려졌다. 정상적 교육에 관한 명증한 의식의 회복이야말로 우리 교육의 최대 과제이다. (도산회보 94-10)

교육정책으로 학부모를 그만 괴롭혀라

서울시교육청이 서울지역 고등학교의 보충수업을 금지한다고 선언함으로써(2002년) 한 주일 전 보충수업을 사실상 허용한 교육인적자원부의 방침에 따라 보충수업을 준비하던 고등학교와 학부모들이 당황하고 있다. 당사자인 학교와 학생들이 혼란을 느끼는 것은 물론이려니와 민감한 입시관련 정책을 둘러싸고 보여주는 중앙정부와 지방교육청의 대립을 보면서 시민들은 실망을 금할 수 없다.

교육부와 서울교육청의 정책 대립은 이번만이 아니다. 교육부의 자립형사립고 허용 방침에 대하여 서울시는 반대하고 서울지역에는 자립형사립고를 한 학교도 허용하지 않고 있다. 교육부와 서울시교육청의 이러한 정책 대립은 그렇지 않아도 파행으로만 일관해 온 교육정책을 더욱 왜곡시키고, 나아가 교육정책에 대한 국민들의 불신을 더욱 깊게 만들고 있다.

이번 사태의 발단이 된 교육부의 보충수업 허용방침은 그 자체가 논란의 대상이었다. '공교육 내실화 방안' 이라는 거창한 제목에 비하여 그에 담긴 내용은 크게 새로운 것도 없었고, 기대해 볼 만한 내용도 별반 없었다. 학교의 필요와 결정에 따라 보충수업을 실시할 수 있다는 방침이 그 속에 들어 있었다.

보충수업 허용이 피폐해진 공교육을 내실화하는 데 어떻게, 얼마나 기여한다는 것인지 쉽게 납득이 가지 않는다. 아마도 사교육비 경감을 최대 과제로 삼고 있는 정부 입장에서는 사교육비 지출을 조금이라도 줄일 수 있다면 그만큼 공교육에 대한 국민의 불만을 낮추는 것이 아니냐는 계산을 했을 것이다. 학원과 개인과외로 몰리는 학생이 증가하고 가계의 사교육비 부담도 증가하면서 그동안 정부가 추진해 온 교육 개혁 전반에 대한 불신이 증폭된 것이 보충수업 허용 정책으로 표출됐다는 것은 이해가 된다. 학교 공부보다는 학원 수업에 더 치중하고 있는 학생들을 학교로 끌어들이고, 가계의 사교육비 부담도 줄여 주자는 고육책이다.

그러나 과연 보충수업을 학교에서 실시한다고 얼마나 사교육비가 줄어들지 미지수이다. 과연 학생과 학부모들이 학원을 그만 두고 학교의 보충수업을 택할 것인가. 서울시 교육청의 보충수업 전면금지 조치는 아마도 서울의 교육 상황에서 보충 수업 허용이 사교육비를 줄이고 더구나 공교육을 정상화하는 데는 전혀 기여를 할 수 없을 것이라는 판단에서 비롯되었을 것이다.

교육부와 서울시 교육청 사이의 이러한 정책적 대립은 실상은 단위 학교의 운영에 크게 도움을 주지 못한다는 데 근본적인 문제가 있다. 오히려 방해만 되고 있는 실정이다. 자립형사립학교의 경우도 여건과 능력이 되는 사립학교들이 전환하고 싶다면 할 수 있도록 해주어야 하는데 서울시 교육청이 반대를 했다. 보충 수업의 문제는 교육부와 서울시 교육청이 이래라 저래라 할 문제라기보다는 학교 단위에서 자율적으로 선택하도록 할 문제이다. 학교별로 학교운영위원회가 구성되어 크고 작은 학교의 일을 교사, 학부모, 지역사회 인사들이 함께 논의하고 결정하는 구조가 마련되어 있다. 이곳에서 개별 학교의 처지를 고려해 보충 수업을 실시할지 여부를 결정하면 될 일이다. 지방의 경우 과도한 학원비 때문에 사실 경제적 부담이 적은 학교에서 정규 수업 외의 보충 수업을 해주기를 희망하는 학부모들이 많다. 서울도 지역에 따라서는 학원을 보낼 수 없는 학부모들이 학교에서 보충수업을 해 주기를 희망할 것이다. 교육 행정 당국이 획일적으로 된다 안 된다고 못 박을 것이 아니다.

기실 문제의 근본은 우리의 대학입시제도에 있어 고등학교에 대해 대학과 국민이 신뢰하지 않는 것이다. 고등학교의 내신 성적 산출을 대학은 믿지 않고 있다. 또 입시에 있어 고등학교의 정상적 교육보다는 학원에서 배우는 것이 더 낫다고 여기는 학부모들이 많다. 결국 전문성과 도덕성에 바탕한 고등학교 교육의 신뢰 회복이 관건이다.

조선조 실학자인 다산 정약용 선생은 목민심서에 그릇된 과거 제도를 비판하면서도 행정 관리들이 젊은이들에게 과거 제도 준비를 격려하라며 다음과 같이 말했다.

"과거의 학은 인간 본연의 마음을 파괴한다. 그러나 과거 제도가 바뀌지 않는 한 부득불 이를 준비하도록 권장하지 않을 수 없다. 이를 일러 과예(課藝)라 한다. 과예를 부지런히 하여 합격자의 수가 날로 늘면 문명한 고을이 될 것이니 이것도 목민관의 지극한 영광이 되는 것이다."

대학입시제도와 공교육 제도의 부족한 부분을 비판하고 수정해야 하지만 지금 이 제도 아래서 공부를 하고 있는 학생들에게 오늘날 우리가 어떤 자세로 임해야 하는지를 가르치는 경구이다. 제도 개혁을 해야 하지만 제도 개혁의 부담을 학생들에게 지워서는 안 된다. (동아일보 02-03)

전문가 시대에 대비하는 대학과 대학생

포스트모더니스트들은 이제는 과학적 합리주의에 근거한 '현대사회'는 더 이상 존재하지 않으며, 전체와 체제보다는 부분과 개별성이 더 강조되는 새로운 사회로 우리가 들어서고 있다고 주장한다. 이미 경제, 정치 등에서 나타나듯이 고도로 체계적인 거대한 조직이 비체계적이고 작은 조직보다 더 큰 힘을 발휘하던 시대는 끝나가고 있으며, 빠르게 변화하는 상황에 신속히 적응하는 소규모화된 조직들이 거대한 조직을 여러 면에서 앞지르고 있다.

정신 못 차리게 빠른 속도로 생성, 유통, 처리되는 수많은 정보를 남보다 빨리 그리고 정확하게 처리하고 이용하는 조직과 개인만이 경쟁에서 이기고 살아남을 수 있다. 소위 정보화 시대에 이미 들어선 것이다. 산업시대를 지나 정보화 시대로 접어들고 있다.

정보화 시대의 힘의 원천은 토플러가 분명하게 지적하였듯이 정보와 지식이다. 산업화 이전의 시대에는 물리적 힘, 즉 폭력이 권력의 원천이었다. 산업화 시대에는 경제력, 즉 자본이 권력의 가장 중요한 원천이었다. 그러나 산업화 이후의 사회에서는 정보와 지식이 새로운 권력의 주요 원천으로 등장하였다. 정보를 남보다 먼저 장악하는 자가 권력도 경제력도 자기 수중에 넣을 수 있다.

세계의 금융시장은 영국이 지배한다. 세계 제일의 금융시장은 런던이다. 둘째는 뉴욕이고, 셋째는 동경이며, 넷째는 홍콩이다. 홍콩은 영국의 한 부분이므로 영국이 세계 최대 금융시장의 절반을 장악하고 있는 셈이다. 영국의 무엇이 세계금융시장을 지배하게 하는가? 경제력? 군사력? 아니다. 세계경제에 관한 축적된 정보와 정보의 수집 및 처리능력이 그들로 하여금 세계의 금융시장을 지배할 수 있는 힘을 만들어 주는 것이다.

정보화 사회에서는 각 분야의 독자적 또는 소그룹의 전문가들이 많이 필요하다. 산업화 시대의 전문가들은 커다란 전체의 부분품으로서의 분자화된 전문가들이었지만, 정보화 시대의 전문가는 각각이 독자적 판단과 행위를 할 수 있는 독립된 전문가들이다. 포스트모던 시대의 특성에 기능적으로 적응할 수 있는 개별성을 갖춘 전문가들이다.

이러한 전문가는 한 분야의 전문적 지식과 기능을 갖추고 있지만, '개성적 전문성' 이라고 표현하는 것이 좋을 그런 전문가이다. 그리고 폭넓은 교양과 지식을 갖추고 유연하게 사고할 수 있는 사람이다. 넓은 지식의 흡수력과 균형적 판단력은 핵심이다. 이러한 새로운 형의 전문가로 성장할 수 있으려면, 스스로 개성을 키우고, 전공학과의 기초지식을 충분히 섭취하면서 동시에 폭넓은 교양의 흡수를 위한 독서와 동아리 활동에 적극적이어야 한다. 죽어라하고 전공과목만 파거나, 이것저것 가리지 않는 잡학박사로서는 새 시대에 앞장서서 나아가는 전문가가 될 수 없다.

그런데 우리의 대학은 안타깝게도 학생들이 새 시대의 전문가로 성장하는 데 필요한 교육을 제대로 제공하지 못한다. 새 정부는 경제부문의 5대 개혁과제의 하나로 '교육 및 인력양성제도' 를 선정하고 대책마련에 부심하고 있다. 한국경제의 국제경쟁력제고를 위해서는 수준 높은 과학기술인력의 양성에 성패가 달려있다고 보고, 자연과학 및 공업기술계 대학교육을 확충할 계획을 결정하였다. 특히 전문대학과 4년제 대학의 공업기술 분야의 정원을 대폭 늘릴 계획이다.

그러나 정부가 깨달아야 할 사실은 과학기술인력양성에 있어서의 문제는 이공계 졸업생의 수가 모자라는 데 있는 것이 아니고 질적 수준이 낮다는 데에 있는 것이다. 지난 10여 년간 전문대학을 포함하여 자연과학 및 공학계열 학과의 정원은 꾸준히 늘려왔으므로, 분야에 따라 다소 모자라고 넘치는 문제는 있어도 전체적으로는 모자라지 않는 수가 매년 배출되고 있다. 문제는 쓸 만한 사람들이 적다는 데에 있다. 그동안 대학의 정원만 늘려왔지 교수와 실험실습 시설의 확보 등 교육여건의 개선에는 전혀 손을 쓰지 않았으므로 교육의 질이 향상은 고사하고 오히려 낮아졌다.

한국 대학의 초미의 과제는 교육의 질을 높이는 것이다. 특히, 과학기술분야에 있어서는 질적 향상을 미뤄 놓은 채 학생 숫자만 늘리는 것은 아무 의미가 없다. 오히려 자원과 시간만 낭비할 뿐이다. 경제계가 첨단기술인력의 양성 확대를 요구하면서, 제2의 '서울대 공대'를 설립해달라고 주문했던 것은 경제계의 진정한 요구가 무엇인가를 말해 준다.

이러한 상황이므로 학생들은 스스로 활로를 찾아 자신이 필요한 학습을 능동적으로 찾아 하는 적극적이고 주체적인 학습자가 되어야 한다. 사실 대학은 많은 학습장 가운데 하나일 뿐이다. 대학 밖의 학습장도 적극적으로 활용하고 동료와 선후배가 모여 연구회와 작업장 등을 운영하는 것도 능동적 대처방법의 하나이다. 부실한 대학을 탓만 하고 있어 봤자 손해 보는 것은 결국 자기 자신일 뿐이다. 능동적이고 주체적인 자세가 바로 새 시대가 요청하는 전문가이다. (스타팅라인 93-04)

수능시험 부정사건의 연루자들

수능시험 부정사건의 원인과 대책에 대한 논의를 주모자 개인 차원에 그쳐서는 안 된다는 주장에 반대하는 사람은 없다. 그렇다면 주동자와 가담자들 다음으로 누가 이 사건에 책임이 있는가? 적어도 세 집단은 책임을 면할 수 없다. 이들은 부정사건의 연루자들이다.

첫째는 대학이다. 대학 경영자와 총학장뿐만 아니라 교수도 포함하는 대학사회 전체에게 책임이 있다. 점잖이 표현해서 책임이지, 죄가 있다. 부정을 해서라도 입학하고 보자는 풍토를 조성한 죄이다.

"입시지옥처럼 입학은 어려워도 졸업은 쉽다."는 말이 국제적으로 한국대학의 특성을 나타내는 표현이 되었을 정도로, 입학만 하면 졸업에는 크게 신경을 쓰지 않아도 되는 것이 대다수 우리 대학들이다. 지난 수십 년간 교육정책에 관한 최대의 화두가 변함없이 대학입시제도가 아니었던가.

이처럼 대학들은 누구를 입학시키느냐에 관심을 집중하는 반면, 그들을 어떤 수준으로 어떻게 가르치고, 어떤 수준에 도달한 사람을 졸업시킬 것이냐에 대해서는 관심이 거의 없었다. 도달 학습수준과 졸업기준이 명확히 설정되어 있지 않아서, 학생들은 그야말로 졸업자격에 큰 신경을 쓸 필요가 없다. 그래서 대학에 입학만 하면 "놀아도 졸업한다."는 풍조가 조성되었다. 대학사회의 이러한 질 관리 방치가 이번뿐만 아니라 각종 입시부정을 끊임없이 시도하게 만드는 근본 원인이다.

둘째 연루자는 고등학교이다. 이번 사건에 대하여 고등학교의 윤리교육 부재를 지적하는 소리가 높다. 윤리교육이 중요하지 않은 것은 아니지만, 고등학교의 전체 교육풍토와 교육선발구조 전체의 문제를 제쳐 놓고 윤리교육만으로 각종 입시부정을 막는다는 것은 불가능하다.

교육의 질 관리에 소홀하기는 고등학교도 마찬가지이다. 진급기준 졸업기준도 불분명하다. 더욱이 '내신 부풀리기'로 인한 고교내신 불신이 반영하듯이 질 관리에 대한 교육적 책임의식 부족이 고교 전체에 퍼져 있다. 고교교장회가 나서서 대학입시를 수능 중심이나 대학본고사에 맡기자고 주장하는 것은 고교교육에 대한 권리와 책임을 스스로 포기하는 것이다. 고등학교의 이러한 교육적 책임의식 부족이 수능시험 부정을 유발한 또 하나의 원인이다.

셋째는 교육부이다. 교육부야말로 대학의 입학, 학사운영, 졸업

등에 대하여 지도 감독의 책임과 권한을 갖고 있는 국가기구이다. 그것도 어느 나라보다 막강한 감독권을 가지고 있는 기관이다. 그런 교육부의 대학정책이 지난 수십 년간 오로지 입학관리에 집착했을 뿐, 질 관리 특히 졸업자의 질 관리에는 무관심했다. 대학 졸업뿐만 아니다. 대학원의 학위들은 사각지대에 있다.

이번 수능부정은 교육계 전체의 질 관리 부재가 불러온 사건이다. 휴대전화관리, 감독철저, 수능문제지 유형 다양화 등이 거론되고 있지만 근본적 대책이 못 된다. 교육정책의 기본 방향을 양 관리에서 질 관리로 전환할 때이다. (교수신문 04-11)

모두가 나서 학교를 살리자

한국 사람은 누구나 맹모삼천지교(孟母三遷之教)를 잘 안다. 어려서부터 자주 들은 이야기이고, 학교에서도 중요한 교훈으로 빼놓지 않고 가르치기 때문이다. 다시 한 번 들어보자.

맹자의 어머니는 자식의 교육에 남다른 열성을 가지고 있었다. 그런데 가정이 빈한하여 공동묘지 근처에 살다 보니, 늘 보이는 것이 상여요 관 매장하는 일일 수밖에 없었다. 그러니 맹자는 친구들과 논다는 것이 상여꾼 흉내 내기이고 이렇게 하루해를 보낸다. 이래서는 자식을 제대로 키울 수 없다 싶어서 이사를 간다.

그런데 이번에는 시장 옆 동네에 살게 되니 맹자가 장사꾼 흉내에 정신을 파는 것이 아닌가. 맹자 어머니는 다시 이사를 하는데, 이번에는 마침 서당 근처로 가게 되어 서당 학동들 글 읽는 것을 보고 자기도 글을 배우겠다고 어머니를 조른다. 이젠 됐다 생각하고 그곳에 눌러 앉아 살게 되었고, 그래서 맹자는 큰 학자로 성장한다.

맹자 어머니는 자식 교육에 환경이 얼마나 중요한가를 깨닫고, 실천하였기 때문에 자식 교육에 크게 성공한 역사적 인물이 된 것이다. 그러므로 자식을 잘 기르려면 모름지기 좋은 환경으로 이사를 가야 한다는 것이 이 고사의 교훈이다.

이 맹모삼천지교는 우리의 부모들에게 큰 영향을 주었다. 자식 교육을 위하여 시골에서 도시로, 지방에서 서울로 이사를 하는 사람이 하나 둘이 아니다. 심지어 왜 미국으로 이민을 가느냐고 물으면 서슴없이 '자식 교육을 위하여' 라고 대답하는 사람도 적지 않다. 한국 부모들의 자녀교육열이 엄청나게 높기 때문이기도 하지만, 맹자 어머니의 교훈을 충실하게 따르고 있는 것이다.

그러나 맹자 어머니의 교훈은 이제 버려야 한다고 나는 믿는다. 시대가 달라지고 사회구조와 교육제도가 바뀌었기 때문이다.

하기는 오늘날에도 서울 사람들은 강북보다 강남의 학군이 좋으니 그곳으로 가야 한다고 믿는 사람들이 많다. 소위 서울의 8학군은 좋은 학교의 대명사처럼 되어 있어서 이 지역의 학생 수가 날로 증가한다고 한다. 그래서 고등학교 배정 시에 이 지역에 거주하는 학생들을 모두 8학군 내에 배정할 수가 없어서 인근 학군으로 밀어내기도 한다. 맹모삼천지교의 최신판이다.

맹자 어머니 시대에는 공교육(公敎育) 제도가 아니었다. 사교육(私敎育) 시대였으므로 자녀 교육은 가정의 책임이었다. 각 가정에서 부모가 책임을 지고 자녀의 교육 문제를 해결하여야 했다. 부모가 직접 가르치든지 서당에 보내 가르쳐야 했다. 그러므로 서당이 부근에 있느냐 없느냐가 중요했고, 서당 근처로 이사를 가야 교육 문제가 해결되었다.

그러나 지금은 공교육 시대이다. 국가가 책임지고 모든 어린이와 청소년을 위한 학교를 설립하여 운영한다. 부모들이 의무적으로 자녀를 학교에 취학시켜야 한다. 어느 지역에 사느냐가 문제가 아니다. 자녀 취학은 부모의 의무이고, 학교 설립은 국가의 의무이다. 이른바 의무교육제도이다. 우리나라의 헌법에는 9년간의 의무교육 기간을 분명히 못박아 놓고 있다.

고등학교와 대학교는 의무제는 아니지만, 역시 공교육제도하에 존재하기에 국가나 지방정부가 학교를 설립, 운영하게 되어 있다. 그러나 모든 고등학교와 대학을 국립이나 공립으로 설립, 운영할 재정 형편이 되지 못하므로 사립학교의 설립을 허용하고 있다. 그런데 사립일지라도 설립자만 국가가 아닐 뿐 교육 내용, 교사 자격, 학사 운영 등은 국가의 엄격한 관리하에 두고 있다. 즉, 사립학교도 공교육제도 틀 안에서 운영하는 것이다.

공교육 제도는 역사적으로 볼 때 지난 19세기부터, 수립된 것이다. 그 이전에는 사교육 제도가 중심이었다. 유럽에서 시작된 공교육제도가 오늘날 전 세계에 보급되었다. 우리나라는 구한말에 공교육제도를 도입하지만, 일제 식민지하에서 정상적 발전을 하지 못하다가 1945년 해방 이후부터 본격적인 공교육제도로 정착된다. 초등학교 의무교육제는 이때부터 시작된 것이다. 세계는 대부분 9년 내지 10년간 의무교육제를 실시하고 있다.

공교육 제도의 기본 정신은 자녀 교육을 공동으로 시키자는 것이다. 사교육 시대에는 각 가정의 개별적 결정에 교육을 맡겼으나, 이제는 지역 공동체가 또는 국가 전체가 공동으로 교육을 운영하자는 것이다. 그래서 과거에는 상류층 또는 부자들이나 할 수 있었던 교육을, 하류층이나 가난한 사람들도 누구든지 할 수 있게 된 것이다.

그러므로 공교육 제도하에서의 학교는 공공의 교육기관이다. 누구 특정 개인이나 집단의 소유가 아니라 모든 사람의 것이다. 그래서 국가가 나서서 설립하고 운영하게 되어 있는 것이다. 국가라고 해서 꼭 중앙 정부가 하라는 것은 아니다. 시 · 도 · 군과 같은 지방자치단체가 운영할 수도 있다. 각 지방자치단체가 운영하는 것이 세계적 추세이기도 하다.

학교는 우리 모두의 자녀들을 위한 교육기관이다. 그러므로 학교를 좋은 교육기관으로 만들어야 국민 모두의 자녀들이 좋은 교육을 받을 수 있다. 학교 제도로부터 벗어나 개별적으로 교육할 수도 없으려니와 혹시 그렇게 할 수 있다 해도 그것은 국가 전체로 보면 매우 비경제적이고 국민 교육에 차별을 초래할 수 있으므로 바람직한 것이 못된다. 부자끼리만 학교를 만들어 자기네 자녀만 교육시키고, 가난한 사람은 자녀 교육을 시킬 수 없대서야 되겠는가?

공공교육기관인 학교를 좋게 만드는 것은 국민 모두의 의무이자 권리이다. 모든 국민은 재산과 소득수준에 따라 세금을 내서 좋은 학교를 만들 책임이 있다. 국가가 이 일을 소홀히 하여 학교를 형편

없이 만들어 놓으면 국민들은 마땅히 정부를 질책하고 책임을 추궁할 권리가 있다. 자녀 교육을 국가가 관리하는 공공교육기관에 맡겨 놓았기 때문이다.

만약에 정부가 교육을 위한 세금을 적게 거두어 학교를 부실하게 만들고, 한편 부자들은 적은 세금 때문에 많이 남은 돈으로 각자가 개인적으로 자녀교육에 쓰도록 만들었다면, 그것은 잘못된 제도요 정책일 수밖에 없다. 이 잘못된 정책이 바로 우리나라의 교육의 현실이니 안타깝지 않을 수 없다.

우리의 교육정책은 크게 보면 부자나 가난한 사람이 동일한 규모로 학교 운영비를 부담하도록 만들어 놓고 있다. 초등학교는 좀 다르지만 고등학교와 대학은 '수익자 부담 원칙' 이라 하여 수업료와 등록금에 주로 의존하여 학교를 운영한다. 그런데 수업료와 등록금은 누구에게나 똑같다. 부자나 가난한 사람이나 같은 액수의 돈을 낸다.

그리고 교육세가 있다. 그런데 이 교육세가 구조적으로 또 부자나 가난한 사람이 별 차이 없이 부담하게 되어 있다. 교육세의 제일 큰 덩어리가 담배값으로부터 나온다. 부자라고 담배를 열 갑, 스무 갑 피우고 가난한 사람은 안 피우는가?

교육비 부담 구조가 이렇게 되어 있기 때문에 저소득층은 학비대기에 쩔쩔매지만 고소득층은 교육비가 남아돈다. 그래서 남아도는 돈으로 학원 보내고, 피아노 사 놓고, 컴퓨터 사 주고, 참고서 사 주고, 과외를 시키는 것이다.

학교가 가난하니 시설과 여건이 형편없다. 좋은 교육을 시킬래야 시킬 도리가 없다. 저소득 계층은 형편없는 학교 교육으로 그칠 수밖에 없다. 그러나 고소득 계층은 개인적으로 학원, 과외 등으로 부실한 학교교육을 보충한다.

얼마 전 한국교육개발원의 조사가 밝힌, 사교육비가 공교육비를 넘어섰다는 말은 바로 이 점을 새삼스럽게 지적한 것이다. 이 잘못된 교육현상은 요즈음 발생한 것이 아니다. 이미 오래 전부터 잘못된 교육제도와 정책 때문에 계속되어 온 것이다. 다만, 최근에 문제가 더 확대된 것뿐이다.

학교는 부족한 재정 때문에 갈수록 더 부실한 교육을 할 수밖에 없음에도 불구하고, 학원, 참고서 출판, 과외, 시험지 방문지도 등 상업적 교육 시장은 날로 비대해지고 있다. 어처구니없는 노릇 아닌가.

이러한 상황에서는 계층 간의 교육 격차가 크게 벌어질 수밖에 없다. 첫째, 학비 부담 능력이 없는 계층은 자녀를 학교에 보낼 수 없다. 둘째, 학교에 보낸다 해도 저소득 계층은 부실한 학교 교육으로 끝나고 고소득 계층은 사교육비로 보충하여 성적을 높인다. 상급학교로 갈수록 계층 간 교육 격차가 점점 더 벌어지게 되어 있다.

고소득 계층은 성적 경쟁에서 유리한 위치에 있는 셈이다. 그러나 이것은 정의로운 사회에서는 있을 수 없는 일이며, 공교육 제도의 기본정신에도 어긋나는 것이다. 그리고 학교 밖의 상업적 교육을 통하여 보충한다 해도 기본적으로 학교 교육이 부실하면 그 피해는 모두가 입는 것이다. 상업적 교육은 성적은 올려줄 수 있는지 몰라도, 결코 올바른 교육일 수는 없다. 인간 만드는 교육을 여기에 의존할 수는 없는 것이다.

따라서 오늘날의 우리 교육정책 아래에서는 모든 국민이 피해자이다. 산 교육을 못하고 죽은 교육만 하고 있다. 청소년들은 성적 경쟁에 시달리느라 제대로 자라지 못하고 있다.

이 시점에서 우리에게 필요한 것은 교육정책의 과감한 개혁이다. 정부가 이것을 해야 한다. 그리고 정부로 하여금 제 책임을 다하도록 촉구하고 감독할 수 있는 학부모와 시민의 교육 운동이 일어나야 한다. 맹자 어머니처럼 이사를 다니면서 개인적으로 교육할 수 있는 시대가 아니다. 시민 교육 운동을 통하여 공공 교육 기관인 학교를 살려야 한다. (열매 91-06)

대학개혁, 큰 안목으로

정부는 구조조정, 실용성 증대, 경쟁력 강화라는 대학개혁 목표에 대한 의지를 불태우고 있다. 대통령부터 이번에는 무슨 일이 있어도 대학개혁을 반드시 이루고야 말겠다는 의지가 강하다.

대학개혁은 한국사회가 안고 있는 최대 과제의 하나이다. 대학이 국가발전의 역할을 다하지 못하는 것은 물론이고, 오히려 때때로 저해요인이 되기 때문에 개혁은 더 이상 미룰 수 없는 과제이다. 교육문제에 있어서도, 입시교육 병폐가 흔히 거론되지만, 따지고 보면 고교의 입시교육도 부실한 대학교육에 기인하는 것이다. 교육의 전면적 개혁이 대학에서부터 출발해야 하는 이유가 여기에 있다.

그러나 대학개혁의 타깃을 대학에만 둔다면 이것이야말로 대학을 '두 번 죽이는' 일이 된다. 대학개혁은 대학 내부 문제만 들여다보는 것이 아닌 안팎을 고루 보고 시대 변화도 놓치지 않는, 큰 안목에서의 접근이 아쉽다.

우리 대학 문제들은 내부 모순에 기인한 것도 있지만, 더 근본적인 구조적 문제들은 대학발전에 대한 경제와 정치부문의 책임회피와 역대정부의 잘못된 교육정책이 만들어 놓은 결과이다. 그러므로 개혁정책을 문제의 증상 완화에 치중하면 단기적 효과를 내기는 하겠지만, 시간이 지나면 더 악화된 상태로 나타날 것이다. 사교육비에 대한 대중 요법식 단견적 정책들이 만들어 놓은 결과처럼 말이다.

첫째, 한국 대학들의 낮은 교육수준은 여러 원인에서 기인하지만, 핵심은 여러 말 할 것 없이 재정 빈곤이다. 한국 대학들이 왜 가난한가? 여러 가지 요인이 있지만 핵심은 학습자 부담에 의존하는 재정구조에 있다. 한국처럼 학습자들이 대학교육의 재정을 거의 부담하는 나라가 어디에 있는가? 남미와 아프리카의 일부 국가가 있을 뿐이다.

정부는 대학 내부에 대한 구조조정, 대학 간 역할분담, 교수책임 강화 등을 추진하는 것과 동시에 오히려 그보다 더 강력한 의지를 가지고, 대학교육에 대한 새로운 재정구조를 구축하는 데에 심혈을 기울여야 한다. 선진국들과 같은 재정구조를 구축할 자신이 없다면 개혁의 내용을 다시 짜야 할 것이다.

둘째, 지식기반사회에서 대학은 더 이상 완성교육기관이 아니다. 정보기술시대의 지식 인재는 완성형이 아니라 진행형 인재이다. 전 생애에 걸친 계속학습을 통해서 그 능력이 유지 향상되는 것이다. 그러므로 지식인재를 계속 확보하기 위해서는 대학으로 끝내는 양성체제가 아니라 계속학습을 촉진시키는 평생학습체제를 수립하여야 한다. 다시 말하면 기존 대학제도를 평생학습시대에 적합한 새로운 고등교육제도로 전환시켜야 한다. 이것이야말로 진정한 의미의 대학개혁 프로젝트이다. (교수신문 05-02)

대학문을 활짝 열고, 구조를 개편하자

우리교육의 최대 문제가 대학입시제도라는 것은 두말할 필요가 없다. 일생에서 지적으로 정서적으로 가장 발랄하게 성장해야 할 나이의 청소년들이 비인간적 입시교육 때문에 오히려 일생 중 가장 어둡고 고통스러운 통과의례를 강요받고 있다.

뿐만 아니라 대학에 들어가고자 하는 청소년의 절반 이상이 해마다 '실패자'로 낙인찍혀 사회로 밀려나온다. 그래서 고등학교 단계에서 미리 외국으로 유학 떠나는 학생수가 점점 늘고 있다. 공부하고자 하는 청소년들을 우리가 가르치지 못하고 외국으로 밀어내는 꼴이다.

옛 성현들 말씀에 아무리 해도 풀리지 않는 어려운 문제는 오히려 단순하게 생각하라고 했다. 이것이야말로 우리 대학입학제도 문제를 위하여 가장 적절한 말씀이다.

우리 교육문제의 뿌리는 대학공부 하겠다는 사람이 많은데도 불구하고 대학정원을 묶어 놓은 데에 있다. 대학문을 인위적으로 막아놓은 데에서 온갖 문제가 발생한다. 그러므로 대학문을 활짝 열어젖히는 것이 해법이다. 대학교육기회의 공급을 인위적으로 제한하는 대학정원제도를 폐지해야 한다. 대학문을 활짝 열면 교육문제는 근본부터 풀리기 시작한다.

우리는 다른 나라들처럼 국가가 대학교육비를 부담하는 것도 아니다. 그런 경우라면 국가재정의 한계 때문에 학생수를 제한할 수밖에 없다. 그러나 우리는 교육비를 학생이 부담하는 제도이다. 제 돈 내고 다니겠다는 대학인데, 이것을 국가가 나서서 제도로 막을 필요가 어디에 있는가. 공교육이라 할 수 있는 고등학교와 대학 교육비를 학습자가 부담하게 되어 있는 제도가 꼭 좋은 것은 아니다. 그러나 현실이 그렇게 되어 있으면 수요와 공급을 조화시키는 것이 합리적 정책이다.

대학정원제를 폐지하면 교육의 질이 떨어질 것이기 때문에 안된다는 반론이 있다. 그리고 큰 대학들이 학생을 모두 쓸어 가면 군소대학들은 문을 닫게 될 것이라는 염려도 있다.

그러나 우리 대학교육의 질은 이미 낮아질 대로 낮아졌다. 그렇게 된 가장 큰 이유는 다른 데 있는 것이 아니고, 대학들이 아무런 경쟁 없이 온실 속에서 지내왔기 때문이다. 이제 대학들도 품질을 가지고 학생유치를 위하여 경쟁하여야 한다.

그리고 대학교육을 획일화하고 경직시켜 온 제도적 규제를 풀어서 대학교육에 개방성, 다양성, 유연성의 바람을 불어넣어야 한다. 이것도 정부가 나서서 만들어 가려고 할 필요도 없다. 정원제를 없애서 대학들이 경쟁하도록 만들면, 자연히 그런 방향으로 가게 되어 있다. 이제 학생들이 경쟁하던 시대로부터 대학들이 경쟁하는 시대로 나아가야 한다. (동아일보 95-03)

고령교사에 관한 정책

회갑이 지난 고령교사가 담임에 배정되었다가 학부모들의 집단적 항의에 밀려 담임을 그만두는 일이 최근 서울의 한 초등학교에서 일어났다(1993년). 학부모들이 고령교사의 담임배정을 달갑지 않게 여기는 것은 새삼스러운 일이 아니다. 학부모들은 과거에도 고령교사의 담임배정에 대한 불만을 직 · 간접적으로 표시해왔다.

고령교사들은 특히 신체적 동작이 필수적인 체육과 율동 과목에서 젊은 교사들에게 뒤떨어지기 때문에 배척의 대상이 되며, 이 점에 있어서는 고령교사들 자신도 수긍하지 않을 수 없다. 그러나 고령교사들의 오랜 경험과 완숙한 인품은 젊은 교사들이 따라가기 어려운 교육자로서의 강점이다. 그럼에도 학부모들이 노년의 교사를 기피하는 것은 어쩔 수 없는 하나의 현실이다.

더욱이 고령교사의 수가 증가하는 추세에 있으므로 학부모들이 자신의 자녀가 속한 학급에 고령교사가 배정되는 것을 배척하는 경향이 계속되면, 장차 심각한 교육문제로 대두될 가능성이 크다.

교육계 일각에서는 이 문제의 해결을 위하여 고령교사에 대한 연수의 강화를 제안한다. 고령교사들에게 체육, 율동, 마스게임 등에 관한 연수를 확대시키자는 것이다. 그와 아울러 고령교사라 해서 무조건 배척하지 말도록 학부모들을 설득하자는 주장도 덧붙인다. 실제로 서울의 한 교육구청에서는 고령교사들에 대한 체육관련 연수실시를 검토하고 있다고 한다. 하나의 대책은 되겠다.

그러나 고령교사들만 모여 체육과 율동 연수를 받는 장면이 서글프기도 하려니와 그렇게 한다고 해서 학부모들의 기피현상이 완전히 해소될 것 같지도 않다. 그러한 방식을 통하여 젊은 교사와 고령교사의 역할구분을 무시하는 현행 교사직무관리제도를 그대로 유지하는 것은 각기 다른 특성과 능력을 가진 교사들을 효율적으로 활용하는 방안과도 배치된다.

교사들은 전문 교과에 따라서 혹은 연령에 따라서 그리고 각자의 재능과 특기에 따라서 각기 아주 다양한 능력과 특성을 지니고 있다. 이렇게 다양한 능력을 갖춘 교사들을 획일적 역할을 수행하도록 요구하는 것은 인력을 낭비하는 제도에 다름 아니다. 고령교사의 문제해결은 교사직무의 다양화를 제도화함으로써 모든 교사를 학급 담임으로 만드는 획일적 인사관리제도를 개혁하는 데에서 실마리를 찾아야 한다. (한국교육신문 93-06)

대학의 국제경쟁력

점점 더 치열해지는 국제경쟁시대에 다른 나라보다 앞서기 위하여 가장 필요한 것은 말할 필요도 없이 과학기술의 자립과 고급전문인력의 양성이다. 그동안 우리는 이 두 가지를 모두 선진 외국에 의존해 왔다. 그러나 이제는 '자립'을 하지 않고는 무서운 경쟁에서 살아남기조차 어려운 것이 냉엄한 현실이다.

첨단과학기술과 고급전문인력의 자립적 개발에는 산업계, 대학, 정부 등의 각자의 노력과 긴밀한 협력이 필수적이다. 그 가운데에서도 대학의 역할과 책임은 절대적이다. 그런데 정말로 문제는 우리의 대학들이 덩치만 컸지 제 구실을 할 능력을 충분히 갖추지 못했다는 사실이다. 몇 개의 대학을 제외하고는 연구와 교육기능을 제대로 수행할 여건을 전혀 갖추지 못하고 있다. 동시에 교육의 질을 향상시키려는 의지도 대단히 낮다. 결과적으로 대학교육의 품질이 형편없이 낮아졌다.

대학교육의 품질 향상을 위해서는 우선적으로 최소한 법정 교수 확보율을 채우고 역시 법정 설비기준에 맞추어 교육 설비를 갖추어야 한다. 그러나 이런 물리적 여건의 확보에 앞서서 추진해야 할 일은 새로운 정책방향과 철학의 수립이다.

첫째, 정부의 대학정책기조를 정원관리로부터 질 관리로 전환하여야 한다. 종래의 정책은 학생수가 정원에서 한 명만 넘어도 불벼락을 내리면서, 법정 교수 수, 법정 시설기준 등에 대해서는 대단히 관대하였다. 관대한 정도가 아니라 아무렇게나 방치했다 해도 과언이 아니다. 앞으로는 정원에 대해서는 융통성 있게 대하고 교수와 시설의 확보 및 졸업생의 질 관리를 엄격하게 감독하여야 한다.

둘째, 대학 간의 경쟁을 촉진시켜야 한다. 이제까지 공개하지 않고 감추어 오던 대학평가 결과를 공개하는 것도 한 방법이다. 대학평가를 더 광범위하게 실시하고, 반드시 공개하여야 한다. 교육여건이 우수한 대학에 대해서는 정원을 탄력적으로 운영하여 지원하고, 여건이 불비한 대학은 궁극적으로 도태되도록 감독하여야 한다.

셋째, 대학의 운영철학을 경영우선주의로부터 교육우선주의로 바꿔야한다. 사립대학들이 뚜렷하게 그렇지만 국립대학들조차도 대학운영에 있어서 교육논리보다는 경영논리를 항상 앞세우기 때문에 대학은 유지가 되어도 교육은 희생된다. 대학행정에 대한 교수들의 참여와 권한을 대폭 확대시켜 언제나 교육우선의 정책을 결정하도록 해야 한다.

넷째, 교수들의 책무성을 강화하여야 한다. 교수들의 연구와 교육활동의 질적 수준을 높이기 위한 여러 가지 방안을 강구하여야 한다. 연구업적 평가를 대학자체 별로 실시하고, 교수별 담당 강좌의 교수요목을 공개적으로 논의에 붙이는 것도 그 가운데 포함될 수 있다. 그러나 무엇보다도 중요한 것은 교수들이 대학교육의 질적 향상을 기필코 이루겠다는 결의를 다지는 것이다.

다섯째, 대학과 대학교육의 활용자, 즉 산업계 간의 긴밀한 대화와 협력이다. 최근에 소수이기는 하지만 기업이 대학에 연구소의 설립과 운영자금을 제공하여 공동으로 과학기술 및 산업기술을 개발할 수 있는 체제를 갖추기 시작한 것은 매우 반가운 현상이다. 그러나 이러한 산학협력이 개별기업과 대학 간의 차원뿐만 아니라 동종산업분야의 기업군과 대학의 협력, 산업계 전체와 대학들 간의 협력체제를 강화하여야 한다. 그렇게 함으로써 대학교육의 가장 큰 실수요자라고 할 수 있는 기업들이 대학의 질적 수준향상에 기여할 수 있을 것이다. (서울신문 93-11)

입시 혼란을 이대로 두지 말라

수능성적을 통보하면서 수험생들에게 총점 정보를 공개하지 않아(2001년), 자신의 상대적 위치를 알 수 없는 수험생과 학부모들이 엄청난 심리적 공황을 겪고 있다. 불만을 넘어 분노까지 드러내고 있다. 이러한 혼란은 수능등급제 실시를 결정할 때부터 예상된 것이었다. 현실적으로 대학 간, 학과 간 격차가 존재할 뿐 아니라 상대적인 점수 비교 경쟁방식에서 벗어나지 못한 입시제도에서, 수험생에게 자신의 상대적 위치를 정확히 알려 주지 않는 것은 눈 감고 뛰라는 것과 마찬가지이다.

문제는 총점 정보를 교육 당국이 가지고 있음에도 불구하고 입시에서 수능의 비중을 낮춘다는 이유로 수험생에게만 감추고 있는 것이다. 대학은 수능등급제 실시에도 불구하고 수험생들의 영역별 점수를 합산함으로서 응시자 간의 상대적 위치를 간단히 파악할 수 있다. 즉, 대학은 결과적으로 수능성적에 관한 모든 정보를 확보하고 예전처럼 이 점수로 학생들을 뽑을 수 있지만, 수험생은 결정적인 정보를 갖지 못하여 답답하기 짝이 없는 것이다.

여러 주장이 있을 수 있으나 현재의 상황에서는 수험생들에게 총점 정보를 제공하는 것이 옳다.

난이도 파동이 겹친 금년 수능 혼란의 본질은 1998년에 발표한 새 대입제도에 기인한 것이다. 2002학년도 입시부터 시행하기로 결정한 대입제도의 근간은 고교내신과 개인별 특성과 재능의 전형비중을 크게 높이는 대신 수능의 비중을 대폭 낮추는 것이었다. 당시 그 방향은 좋으나 너무 커다란 방향 전환이고 많은 준비를 필요로 하므로 6년 내지 10년의 준비 기간을 거쳐 혼란을 막자는 주장이 제기되었고 이는 받아들여지지 않았다.

대학별 본고사가 없는 상황에서, 실질적으로 대입전형의 핵심정보인 수능의 비중을 대폭 낮춘다는 것은 그에 대신할 신뢰할 수 있는 전형 자료를 개발하여야 함을 의미한다. 정부는 내신, 면접, 특별재능평가 등을 내세웠다. 그러므로 정부, 대학, 고교가 새로운 전형자료의 확보 체제와 방법을 신속히 확립하여야 했다.

그러나 대학에는 지원자들의 능력, 적성, 재능을 정확히 평가하는 전문가로 구성된 전담부서가 없다. 입시업무를 위하여 20~30명의 평가전문가들이 일 년 내내 활동하는 외국대학들의 입학처를 아직도 부러워만 하고 있을 뿐이다. 한편, 고등학교들이 내신을 인위적으로 높이거나 조작하는 부정이 어제 오늘 일이 아니다. 정부는 이를 원천적으로 막아 대학과 학부모들이 신뢰할 내신을 제공할 수 있는 방안을 수립해야 하지만 아직도 대책을 내지 못한 실정이다.

이런 상황에서 상위권 대학일수록 수능에 대한 의존도는 높을 수밖에 없다. 그런데 교육인적자원부는 수능을 대신할 다른 전형자료의 개발은 소홀히 하면서 지속적으로 수능의 난이도를 낮추어 왔고, 지난해 '물타기 수능 논란' 이후 상위권 대학들이 난이도 상향을 강력히 요구했던 것이다. 그에 따라 올해 수능의 난이도를 급격히 올리면서 동시에 등급제를 실시하였기 때문에 수험생들의 심리적 공황 상태까지 불러 일으킨 것이다.

중요한 것은 1998년 당시 중3이던 금년 응시생들은 '시험 없는 대입제도' 라는 구호를 귀가 아프게 들었고, 더욱이 수능의 난이도가 연속 낮아졌으므로 새 대입제도의 본격적 실시를 믿어 왔다는 점이다. 그러나 새 제도의 첫 번째 적용 집단인 이번 응시생들과 부모들은 정부가 약속한 새 제도의 기본 방향의 수혜자가 아니라 피해자가 되고 말았다.

정부가 일단 발표한 정책임을 내세워 총점에 관한 정보를 제공하지 않는 것은 능사가 아니다. 당장 올해 입시를 위해 현 시점에서 수능에 관한 모든 정보를 수험생과 고등학교에 제공하고 장기적으로 입시제도 개선을 위해 다음 사항을 실천할 것을 제안한다.

첫째, 신뢰할 수 있고 공정한 다른 전형자료를 확보할 때까지 수능의 내용과 난이도를 인위적으로 바꾸지 말아야 한다. 둘째, 장기적으로 수능 같은 대학중심의 획일적 시험의 비중을 대폭 줄이기 위하여, 각 대학에 입학전담 전문 부서를 설치하고 다양한 평가와 전형방법을 개발하도록 지원해야 한다. 셋째, 고교내신의 공신력을 확립할 수 있는 제도적 장치를 시급히 수립해야 한다. 이것은 고교 교육 정상화의 사활이 걸린 문제이다. 마지막으로 정부는 입시정책을 절대로 대중요법 식으로 다루지 말아야 한다. (동아일보 01-12)

남의 논에 인재양성 못자리?

"일등 농사꾼은 못자리를 남의 논에 안 만드는겨."

며칠 전 못자리 만드는 논 옆을 지날 때 문득 떠오른, 어린 시절에 듣던 할아버지의 투박한 말씀이다. 할아버지는 동네에서 제일 부지런한 농사꾼이었고 어려운 가세를 일으키셨다.

그런데 우리는 지금 남의 못자리에서 인재를 양성하고 있다. 내 논의 못자리는 물이 마르고 흙이 굳었다고 해서, 남의 못자리에서 모를 키워다 심는다. 수로를 내서 물을 끌어오고 쟁기질로 못자리를 다듬을 생각은 하지 않고, 우선 먹기는 곶감이 좋다고 남의 못자리에 의존해서 인재 농사를 짓고 있다.

국내의 기업들은 잘 나가는 대기업일수록 외국 유학 석사, 박사 채용에 열을 올린다. 채용공고도 하지 않고 외국 현지에서 스카우트한다. 대학들도 외국 대학 박사들을 주로 교수로 채용한다. 연구기관들도 외국 유학파를 전적으로 선호한다.

해외유학에 대한 선호가 높아지자, 기업이 설립한 장학재단들이 해외유학생 지원을 국가에 대한 공헌사업으로 추진한다. 자연히 우수한 인재들이 흘러나간다. 정부도 오래전부터 전액 지원 해외 유학생을 선발하여 외국 대학으로 보내고 있다. 이공계에 대해서는 더욱 힘을 쓰고 있다. 몇몇 대기업은 사원 재교육을 위해서 수십 명씩 선발하여 외국대학 MBA과정에 직접 유학시킨다.

이런 해외유학 바람은 개인들을 자극하여, 조기유학으로까지 번져서 유학은 이제 하나의 국가적 현상이 되었다. 해외 유학과 연수를 위해서 유출되는 외화가 연간 약 2조원에 달한다.

그러나 장기적으로 국가에 치명적인 것은 외화수지 적자가 아니다. 국내 교육기반의 붕괴이다. 고등교육뿐만 아니라 중등교육도 영향을 받고 있다. 고급전문가를 해외에서 양성하는데 국내 양성체제가 발전할 수 있겠는가? 첨단과학기술의 자립은 한마디로 불가능하다. 국내의 교육인프라가 취약했던 1970년대까지는 해외양성이 불가피했으나 이제는 아니다.

늦었지만 이제라도 당장 방향을 전환해야 한다. 인재를 외국 대학에 유학시키는 '유출장학' 으로부터, 국내 수학을 지원하고, 나아가 외국인재를 국내 대학으로 끌어들이는 '유치장학' 으로 전환하지 않으면 안 된다. 학생뿐만 아니라 우수한 외국학자들의 초빙도 도모해야 한다. 정부가 나서야 하고 기업도 협력해야 한다. 대학은 더 말할 나위도 없다.

우리 못자리를 키워야한다. 인재 못자리를 남의 나라에 의존하고 서도 앞서가는 나라가 있던가? (교수신문 04-04)

고교입학 내신선발의 허와 실

서울시교육청은 1998년부터 고등학교 신입생을 중학교 내신성적만으로 선발하기로 결정했다. 입학시험을 폐지하고 내신만으로 신입생을 선발하는 것은 중학교교육을 정상화하는 길을 열어주고, 학생들을 입시준비의 중압으로부터 해방시켜 주는 지름길이라는 점에서 벌써 이루어졌어야 할 선발방식이다.

같은 날 교육부는 앞으로 생활기록부가 상급학교진학 전형자료로 활용될 것에 대비하여, 초·중·고등학교의 생활기록부에서 석차란을 없애고 학생평가는 석차대신 서술식으로 기록하도록 방침을 정했다. 그동안 학생들의 재능과 소질의 다양성을 무시하고 획일적 하나의 잣대로 측정하여 석차를 매김으로써 학교가 오히려 아동과 청소년들의 개성과 다양성의 발달을 억제해 온 것이 사실이다. 이런 측면에서 이와 같은 결정은 구체적 방법에서는 여러 의견이 있을 수 있겠지만 기본적 철학은 환영할 만하다.

신입생선발을 내신으로 전형한다는 것은 학생 각자가 하급학교에서 공부하고 생활한 종합적 기록을 토대로 능력과 소질 및 장래희망을 참고하여 선발한다는 뜻이다. 이런 전형방법을 사용하면 학생들이 입시를 위한 특별한 수험준비를 하지 않아도 평소에 정상적 학교생활만 열심히 하면 상급학교에 들어갈 수 있으므로 학생과 학부모를 입시지옥으로부터 해방시킬 수 있다. 그리고 중학교도 입시준비교육에서 벗어나 교육과정을 정상적으로 운영할 수 있게 된다.

그러므로 내신제의 핵심은 학생의 교과학습과 교내외 활동에 관한 풍부하고 정확한 정보를 상급학교에 제공해 주는 것이어야 한다. 학생에 관한 정보가 충분해야 상급학교가 별도의 시험과정을 거치지 않고 신입생을 선발할 수 있다. 그러나 이 점에 있어서 이번에 서울시가 정한 내신제는 한계가 있다. 내신성적의 산출을 기계화하고 산출점수를 단순화했기 때문이다.

내신성적 산출을 기계화하고 점수를 단순화한 것은 대입 고교내신제와 비슷하다. 대학입시제도에서 볼 수 있듯, 내신성적을 단순화시키면 내신제가 가지고 있는 장점이 죽어버릴 뿐만 아니라, 대학입장에서도 전형자료로서의 가치가 크게 떨어지므로 활용할 수 없게 된다. 지난 80년 이후로 교육부가 대입선발고사에 내신성적을 많이 반영하도록 최소한 30% 이상의 필수반영율을 요구해 왔음에도 불구하고 실질반영율이 8%에도 미달했던 것이 이를 입증한다.

금년부터는 필수반영율을 40%이상으로 올렸지만 실질반영율은 여전히 얼마 되지 않는다. 고교입학선발에서도 이러한 전철을 밟지 말라는 법이 없다.

대입내신제의 맹점은 학생들의 고교에서의 학습상황기록을 무자비하게 단순화시킴으로써 선발자료로서의 효용성을 죽여 버렸다는 데 있다. 현행내신제는 각 학생의 3개 학년에 걸친 수많은 교과학습상황을 하나의 총점으로 묶어 버리고, 이 총점에 따라 15등급 가운데 한 등급을 정해 준다. 이것이 교과 내신성적의 전부이다. 즉, 학생에 관한 다양하고 풍부한 정보를 전부 뭉뚱그려서 '2등급' 또는 '3등급' 이라는 지극히 단순한 정보로 만들어 대학에 제공하는 것이 현행 내신제이다.

어느 경우에나 선발자료는 풍부할수록 좋은 것이다. 그래야 합리적이고 올바른 선발이 가능하다. 그러므로 선발방법은 어느 것이 됐든 모름지기 수험생에 관한 판단자료를 가능한 한 풍부하게 제공하는 것이어야 한다. 시험도 결국은 학생의 학습수준에 관한 정보를 만들어내는 수단에 다름 아니다. 새 정보를 만들어내지는 못할 망정 있는 정보를 인위적으로 단순화시켜 효용성을 떨어트리는 방법이라면 선발방법으로서 불합격이다.

서울시교육청이 확정한 내신성적산출지침도 고교내신산출방식에서 크게 달라지지 않았다. 내신제의 정신을 충분히 살릴 수 있도록 개선해야 한다. (동아일보 94-11)

대졸 취업난과 대학교육의 모순

대학 졸업생들의 취업난이 극심하다는 보도다. 대기업들 대부분이 경기침체로 금년도 하반기 대졸사원 모집인원을 줄여 잡았기에, 취업문이 바늘구멍만큼 좁아졌다. 삼성, 현대, LG 등 대표적 재벌그룹들은 평균 6대 1의 경쟁률을 보이지만, 하위 재벌그룹의 경쟁률은 수십 대 1의 경쟁률을 나타내고 있다. 동양그룹은 무려 63대 1이라 한다.

대학 입학이 바늘구멍이라지만 취업도 그에 못지않은 심각성을 드러내고 있는 것이다.

그런데 대학 졸업생의 취업난은 경기침체로 인한 일시적 현상이 아니라는 데 사태의 심각성이 있다. 사실은 경기가 큰 폭으로 위축된 것도 아니다. 금년 국민총생산 증가율이 7퍼센트 내외로 추정된다니까 그 정도면 우리 경제가 크게 침체된 것이라고 말할 수도 없다.

취업경쟁률이 높아진 것은 대학 졸업자의 증가율이 경제성장률을 넘어선 데에 기인하는 것이다. 1980년 4년제 대학졸업자의 졸업 당시 취업률이 73퍼센트였으나 90년에는 58퍼센트로 뚝 떨어졌다. 같은 기간 중에 4년제 대학졸업생이 3배 이상 증가하였으니 불가피한 결과가 아닐 수 없다. 우리 경제가 꾸준히 확대되고 있음에도 불구하고 취업의 문이 자꾸만 좁아지는 것은 대학졸업자가 너무 빨리 늘어나기 때문이다.

그런데 이해하기 어려운 것은 이처럼 대학 졸업생이 남아도는 데에도 불구하고, 정부가 대학 정원의 증가를 계속 추진한다는 사실이다. 금년에도 몇 개의 새로운 대학을 설립하도록 인가해 주고, 대학생 정원도 증원하였다.

대학졸업생의 취업이 해가 갈수록 어려워지는데, 정부는 어쩌자고 대학생 정원을 계속 늘리는가. 대졸실업자가 누적되더라도 대학생수를 계속 늘려야 하는 무슨 이유라도 있는 것인가? 그렇다. 우리

나라 대학 교육의 구조적 모순이 여기에 숨어 있다.

우리나라의 대학들은 대부분이 학생들의 등록금에 의하여 유지된다. 즉, 학생등록금이 거의 절대적인 재원(財源)이다. 그러므로 학생수가 한 명이라도 더 많아야 재정수입이 늘고, 학생수가 줄면 재정수입도 그만큼 줄어든다. 따라서 졸업자의 취업난이 점점 더 심각해진다고 해서 학생수를 줄일 수 있는 입장이 아니다. 오히려 학생수를 몇 명이라도 더 늘려서 재정수입을 키워야 한다. 학생수를 줄이라는 말은 대학문을 닫으라는 것이나 다름없다. 그래서 악순환은 계속된다.

정부의 대학 정책은 진퇴양난에 빠져 있다. 대학생을 늘리자니 고등실업자가 배출되고, 대학생을 줄이자니 대학의 재정난이 더욱 악화된다.

진퇴양난의 모순에서 벗어날 수 있는 길은 정부가 대학 정책을 근본적 방향부터 재검토하고, 과감하게 새로운 방향으로 나아가는 것이다. 그것은 정원을 단계적으로 자유화하면서 대학의 질적 여건을 이끌어 올리는 것이다. 즉, 이제까지의 양(量) 중심 정책에서 질(質) 중심 정책으로 전환하는 것이다. 학생정원제를 철폐하는 대신, 교수의 확보율과 교육 설비와 기자재의 보유율을 철저히 지키도록 강력히 감독하는 것이다. 그렇게 함으로써 대학교육의 질을 향상시키면 대학졸업생의 수도 어느 선에서 조절될 것이다. (동아시론 94-03)

'교직윤리헌장'은 왜?

대학교수의 입학시험문제 유출, 교사의 답안지 대리작성, 내신 부풀리기 등 학교 안에서 일어난 작금의 비리와 불법행위는 또다시 교육계 전체에 먹칠을 하였다. 이를 바라보는 국민들의 실망과 분노는 이루 다 말할 수가 없다.

교육계 구성원 전체가 진정한 자정운동으로 새로 태어나지 않고는 국민의 신뢰와 학생의 존경을 기대할 수 없다. 신뢰와 존경을 잃고서는 참된 교육은 불가능하다. 한마디로 한국교육은 지금 위기의 벼랑에 서 있다. 위기에서 벗어나려면 신뢰와 존경을 회복할 수 있는 뼈를 깎는 자정운동이 반드시 필요하다.

'교직윤리헌장' 제정은 자정운동의 출발이다. 윤리헌장은 교직 구성원들에게 교육적 가치판단과 행동선택의 기준을 명시함으로써 언제나 비리와 부정에 빠지지 않도록 경계선 역할을 한다. 윤리헌장은 또 국민과 학생들과 공개적으로 약속하는 문서이므로 그들의 감시를 자청하는 결의이기도 하다. 선진국의 전문직 단체들이 예외 없이 윤리헌장을 제정하여 공표하는 이유가 여기에 있다. 전문직으로서의 행위에 대한 스스로의 다짐이자 사회에 대한 약속이다.

과거에도 윤리헌장을 제정한 일이 있다. 1958년 11월에 총 5개 장과 26개 항으로 구성된 '교원윤리강령' 을 제정, 선포하였다. 이것을 1982년 5월 스승의 날에 '사도헌장' 과 '사도강령' 으로 개정하여 새로 선포하였다. 이제 다시 25년이 흘러서 사회도 많이 변했고, 국민의식과 교육계환경도 크게 달라졌다. 이러한 변화를 반영하는 윤리헌장의 필요성 때문에 이번에 새로 '교육윤리헌장' 을 제정하게 되었다.

새로 제정하는 윤리헌장은 교육을 통하여 개인과 나라의 발전을 이끌어 간다는 사도헌장과 사도강령의 정신을 계승하면서도 구성과 표현을 새롭게 바꿨다. 25년 전 사도강령의 24개 항목을 10개로 줄여서 핵심적 행동수칙에 집중하였고, 실천적 용어를 사용해야 할 행위와 하지 말아야 할 행위를 분명하게 표현하였다. 윤리운동은 실천 덕목이 많아야 좋은 것이 아니고, 단 몇 개라도 확실하게 실천하느냐 여부에 성패가 달려 있기 때문이다. 실천을 위한 다짐의 주체를 '나' 로 설정함으로써 각자의 의지를 뚜렷하게 부각시켰다.

윤리운동에 대하여 유보적 입장을 가진 교육자들이 없지는 않다. 아직도 권위주의적 교육제도와 열악한 교육환경 아래에서 근무하고 있는 교육자들에게 권리의 신장을 위한 권리운동 대신에 윤리운동을 요구하는 것은 순서가 잘못되었다는 소리도 들린다. 물론 교육의 민주화와 교권의 신장은 계속 추구해야 할 목표임에 틀림없다. 그러나 이 시점의 교육지배구조와 교권상황에 비춰 볼 때, 그리고 교육계에서 일어나고 있는 비리와 불법의 심각성에 비춰 볼 때, 자정을 위한 윤리운동은 더 이상 늦출 수 없다. 적어도 학생과 학부모들에 대한 교육자들의 도덕적 책무는 더 이상 보류될 수 없다.

윤리운동에 모든 교육단체가 참가할 때에만 의미가 있고 성공한다는 주장도 있다. 물론 될수록 많은 단체, 특히 큰 세력을 가진 단체들의 참여는 엄청난 힘이 된다. 공동운동 자체가 가치 있다. 그러나 윤리운동은 제정에 다수가 참여하는 것보다 더 중요한 것이 소수라도 치열하게 실천하는 것이다. 의인 몇 사람이 나라 전체를 살린다는 고사도 있지 않은가.

열쇠는 실천이다. 형식도 좋고 미사여구도 좋고 장엄한 선포식도 좋지만 실천이 없으면 모두 헛일이다. 윤리운동의 성공은 후퇴 없는 실천만이 가져온다. 교원단체가 여러 단체들과 협력하여 시작해야 한다. 성공을 기약할 수 없다면 시작하지 않느니만 못하다. 자칫하면 면피용이라는 국민의 더 큰 지탄을 자초할 것이다. 윤리운동의 부단한 실천을 위한 세밀한 계획을 수립하고, 조직의 역량을 총동원하여 체계적으로 추진하는 것이 무엇보다 중요하다. (한국교육신문 05-04)

아무도 책임지지 않는 교육의 품질

중하위권에 속하는 어느 대학의 물리학과 학생들은 전통적으로 각종 취미 서클에 대한 열의가 대단하다. 연극, 스쿠버다이빙, 등산, 그룹사운드 등 다양한 서클에 활발하게 참여한다.

상식적으로 이공계 학생들은 숙제다 실험이다 하여 항상 시간에 쪼들리기 때문에 여유 있는 시간을 내기가 어렵게 되어 있다. 그럼에도 이 학과 대부분의 학생이 다양한 서클 활동에 유난스럽게 열심인 것은 얼른 이해가 가지 않는다. 그럴 만한 시간이 없을 것 같은데 말이다.

알고 보면 이유는 간단하다. 물리학과에 입학은 했으나 빈곤한 대학재정 때문에 실험실과 실습실이 부족하다. 그뿐만 아니라 물리학을 공부할 수 있는 기초 실력이 모자라기 때문에 전공 학과 공부에는 흥미를 잃고, 그 대신 취미 활동을 통하여 대학 생활의 의미를 찾는 것이다.

대학에서 물리학을 전공하려면 고등학교 수준의 물리학을 제대로 배웠어야 하는 것은 물론이고, 수학에 관한 기초 실력도 충분히 갖추고 있어야 한다. 그러나 대학 입시제도가 그러한 점을 고려하여 신입생을 선발하지 않고, 수험생도 합격 가능성만 따져서 학과를 선택하기 때문에 입학은 했으나 제대로 공부할 준비가 되어 있지 않은 것이다. 교수들도 "대학에서 고등학교 수준의 강의를 해야 하니 가르치는 재미도 없고, 그나마도 강의 내용을 제대로 이해하고 따라오는 학생이 몇 안 된다."고 하소연한다.

이러한 현상은 어느 한 대학, 한 학과에 국한된 것이 아니다. 전국의 많은 대학에서 이와 비슷한 일들이 벌어지고 있다. 이름만 허울 좋은 대학이지 그 속을 들여다보면 대학 교육이라 부르기조차 민망한 형편없이 수준 낮은 교육이 진행되고 있다.

그런데 더욱 걱정스러운 일은 전공 학과 공부보다 취미 서클에 더 열중하는 학생들도 별 탈 없이 졸업하여 학사모를 쓴다는 사실이다. 전국 어느 대학에서도 성적이 나빠서 졸업장을 못 받는 경우는 찾아보기 어렵다. 학생 데모에 참가하여 제적된 학생들은 많아도 성적이 모자라 제적 당하는 사람은 드물다. 매학기 꼬박꼬박 등록금 내고, 학생운동 같은 것에 가담하지 않고 얌전히 지내면 졸업장 받는 것은 걱정할 일이 못된다.

우리나라 대학 교육에는 졸업 기준 같은 것이 없다. 각 대학, 각

학과별로 정해진 과목을 이수하여 학점을 채우면 졸업이 가능하다. 전국적으로 행해지는 졸업자격시험이 없는 것은 물론이고, 각 대학별로도 명료하게 규정된 졸업 기준이 없다. 그러므로 해마다 각 대학에서 졸업생이 쏟아져 나오지만 그 수준은 천차만별이다. 합리적이고 수긍할 만한 기준에 비추어 학사 학위를 받을 만한 수준에 도달했는지 아닌지를 분간할 수 없다. 우수한 고등학교 졸업생만도 못한 대학 졸업자가 많다는 이야기도 흔히 듣는다.

기업체 간부들은 요즈음 대학 졸업자의 수준이 낮아서 별도의 훈련을 시키지 않으면 일을 맡길 수가 없다고 한다. 치열한 입사 시험을 거쳐 선발된 사람들인데도 그렇다는 것이다.

요즈음에는 거의 모든 공산품에 품질 표시를 반드시 붙이도록 의무화하고 있다. 소비자가 상품의 품질을 쉽게 알아보고 선택할 수 있도록 하기 위해서다. 뿐만 아니라 최소한의 품질 기준을 정해 놓고 그 기준에 미달되는 제품은 상품으로 출하하는 것을 금지한다.

이제는 기업들도 스스로 품질 기준을 정해 놓고 자체 검사를 거쳐서 제품을 시장에 내놓는다. 그렇지 않으면 날로 치열해지는 기업 경쟁에서 살아남을 수가 없기 때문이다. 품질을 속이는 악덕 기업이 없는 것은 아니나 발각되면 법의 처벌을 받는다. 무엇보다도 이제는 소비자들의 의식 수준이 높아져서 악덕 기업의 상품에는 등을 돌린다.

국제 경쟁에 이기기 위해서도 품질 관리는 필수적이다. 우수 상품이라는 평판을 얻지 못하면 외국 시장에 상품을 수출할 수가 없다.

그러므로 품질 관리는 개별 기업의 차원을 넘어서서 국가 차원의 중대 과제이다.

상품의 품질을 향상시키고 그 품질을 유지시키기 위해 우리나라가 'KS(한국공업규격)' 표시와 같은 공인 규격 제도를 도입한 지도 오래 되었다. 세계 각국은 이러한 공산품 규격을 정해 놓고 국가나 공공 기관이 이를 관리한다. 그러므로 우리의 'KS' 표시나 일본의 'JIS' 표시, 미국의 'UL' 표시 같은 국가적으로 공인된 품질기준표시 제품에 대해서는 누구나 마음 놓고 신뢰할 수가 있는 것이다.

말할 필요도 없이 품질표시 제도를 관리하는 기관은 자체의 공신력 유지가 절대적이다. 품질표시 관리기관이 만의 하나라도 업자와 결탁해 품질을 속이거나 실수로 표준 미달 제품을 합격으로 처리하면 품질표시 제도 자체가 허물어진다. 그런 점에서 공신력의 유지는 절대적이다.

물건의 품질 향상과 유지를 위한 이러한 노력에 비하면 인간을 다루는 교육의 품질 관리 노력은 형편없이 부족하다. 앞에서 대학의 실상을 살펴보았듯이 교육의 품질 관리, 즉 교육의 수월성(秀越性) 유지를 위한 노력이 거의 전무한 상태이다. 대학만 그런 것이 아니다. 초등 · 중등학교에서도 마찬가지이다.

학교 교육의 기본 구조는 학년제이다. 학년별로 학생을 조직하고, 교육 과정도 학년별로 구성해서 가르친다. 예를 들어 2학년에 진급한다는 것은 2학년 교육과정을 학습할 수 있는 능력을 갖췄다는 것을 의미한다. 즉, 1학년 교육과정을 제대로 이수하여 2학년 교육과정 학습을 위한 준비가 완료되었다는 것이다. 만약 1학년 교육과정을 제대로 학습하지 못하여 학습 결손(缺損)이 발생한 학생이 아무런 보완학습 없이 2학년으로 진급한다면 2학년 교육과정을 충분히 학습할 수 없음은 명백하다.

그러므로 한 학년에서 다음 학년으로 진급하는 단계에서는 학교가 학생 개개인의 학습 상태를 점검하여 신중하게 진급 여부를 결정해야 한다. 만약 필요하다면 보완학습을 위한 기회도 만들어 줘야 마땅하다. 보완학습 프로그램으로도 상급 학년 교육과정 이수가 어렵겠다고 판단되는 학생은 불가피하게 유급시켜 한 학년 더 반복하여 하급 학년 교육과정을 이수하도록 만들어야 한다.

세계의 거의 모든 나라에서 시행되고 있는 유급(留級)제도는 바로 이러한 필요 때문에 만들어진 것이다. 즉, 교육의 품질 관리를 철저히 하려다보니 유급 제도의 실시가 불가피해진 것이다. 그러나 우리나라에는 유급 제도를 실시하는 학교가 없다. 유급제도가 없기 때문에 진급이 언제나 자동적으로 이루어진다. 입학해서 1년 지나면 2학년이 되고, 또 1년이 지나면 3학년이 된다. 진급할 만한 수준에 도달했느냐의 여부는 아무도 따지지 않는다. 사실은 진급 기준 자체가 있는지 없는지도 모른다.

학년 진급은 그렇다 치고 졸업 기준은 어떠한가? 초등학교 졸업 기준이 있는가? 중학교 졸업 기준은 있는가? 또 고등학교는? 졸업을 위한 질적 기준은 없다. 6년 또는 3년간 출석하면 졸업장은 자동적이라고 말해도 좋을 만큼 쉽게 받는다.

졸업장은 교육의 품질 기준, 즉 학력을 말해 주는 'KS' 표시와 같은 것이다. 그럼에도 졸업장 수여의 기준이 제대로 서 있지 않은 것은 물론이고, 이것을 문제로 의식하는 교육자들도 찾아보기가 어렵다. 우수한 교육 품질을 지키겠다는 의지가 없다고 밖에는 볼 수 없다. 더 안타까운 노릇은 저질 교육에 대하여 어느 누구도 책임지는 사람이 없다는 것이다.

외국은 그렇지 않다. 각급 학교 졸업장은 그 나름의 기준이 있으며 그 기준을 지키기 위해 국가와 교육기관들이 노력한다. 각 학년마다 진급 시에도 진급 자격을 갖췄는지 학습 능력을 반드시 평가한다. 졸업 시에도 물론 졸업 자격 여부를 확인한다.

우리의 교육은 외형적으로는 다른 나라의 교육에 뒤떨어지지 않는다. 그러나 품질 관리 노력에 있어서는 형편없이 뒤져 있다. 품질관리를 하지 않는 상품이 국제 경쟁에서 뒤지듯이, 품질 관리를 하지 않는 교육은 국제 경쟁에서 질 수밖에 없다.

한국 교육의 저질화를 막고 국제 경쟁력을 높이는 길은 교육의 품질을 엄격히 관리하는 정책을 하루 속히 시행하는 것이다. (한국논단 94-03)

교과서 값으로 물가를 잡는 나라

동전 백 원짜리 일곱 개로 무엇을 할 수 있는가? 88담배 한 갑 살 수 있다(1993년). 또는 지하철 한 구간 왕복 타면 100원이 남는다. 좌석버스 한번 타면 150원이 남는다. 700원은 그런 돈이다.

이 700원으로 할 수 있는 것이 또 있다. 중 · 고등학교 교과서를 한 권 살 수 있다. 중 · 고등학교 교과서 값이 과목에 따라 다르지만 평균으로 700원쯤 된다. 담배 한 갑 값 정도이다.

학생에게 있어서 교과서는 성경이나 마찬가지이다. 그 속에 담겨 있는 내용은 그야말로 금과옥조이며, 하루도 멀리할 수 없는 것이 교과서이다. 학교가 가르쳐야 할 모든 내용이 그 속에 들어 있으므로 교사에게도 학생에게도 교과서는 무엇보다도 귀중한 책이다. 그런데도 그 값은 담배 한 갑 값에 지나지 않는다. 초등학교의 교과서 값은 그보다도 훨씬 더 낮다.

학교에서 사용하는 교과서에는 두 종류가 있다. 국가가 직접 편찬, 제작하는 '제1종 교과용 도서'와 개인 저자가 집필하고 민간 출판사가 제작한 것을 교육부가 심사하여 교과서로 인정하는 '제2종 교과용 도서'가 있다. 흔히 전자를 국정 교과서, 후자를 검인정 교과서라 부른다. 초등학교 교과서는 모두가 국정이고, 중등학교 교과서는 거의 모두 검인정이고 국어, 국사, 도덕과 윤리만 국정이다. 국정 교과서는 성격이 좀 다르지만 검인정 교과서는 일반 도서와 마찬가지로 저자의 인세, 제작비, 출판사의 이익 등이 정가에 반영된다. 그러므로 교과서의 질과 정가는 비례하게 되어 있다.

따라서 교과서 값이 싸다고 해서 좋은 것이 아니다. 좋기는 고사하고 교과서가 싸구려로 집필, 제작된다는 뜻이므로 교육적으로 대단히 심각한 문제가 되어 있다.

학생들이 가지고 있는 책 가운데 가장 볼품없고 가장 값싼 책이 교과서이다. 책의 장정, 지질, 인쇄, 삽화 등 제책의 질적 수준이 일반 도서에 비하여 형편없이 뒤떨어진다. 최근에는 국내 출판 수준이 크게 향상되었고, 제책 수준도 놀랄 만큼 고급화되었다. 따라서 학생들은 교과서하면 으레 다른 도서에 비하여 초라한 것이라고 생각한다. 낮은 책값 때문에 페이지 수부터 적어서, 교과서는 모두 얄팍하고 볼품이 없다.

교육용도서로서의 교육적 가치와 중요성에도 불구하고, 교과서가 도서로서의 품질이 이렇게 낮아진 원인은 개발비와 제작비가 비현실적으로 낮게 책정되어 왔기 때문이다. 국정 교과서는 국가가 직접 집필하고 제작하는 것이므로 예산의 규모가 교과서의 질을 결정하는데, 그동안 예산이 언제나 형편없이 낮게 책정되었다. 근래에 교과서 예산을 다소 늘렸다고는 하지만 인색하기 짝이 없는 증액인데다가, 일반도서의 품질이 눈에 띄게 향상되었기 때문에, 교과서의 품질은 상대적으로 더 낮아졌다.

제6차 교육과정 개편에 따라 유치원과 초 · 중 · 고등학교용 교과서로 정부가 직접 편찬, 제작하여야 할 국정 교과서가 1,100여 종이다. 그 가운데 180종을 금년에 편찬할 예정이다. 한편 검인정 교과서도 금년에 59개 교과목에 대하여 검정 절차를 시행하기로 했다. 나머지 교과서들도 연차적으로 편찬 또는 검정할 것이다.

금년에 편찬할 180종의 1종 도서의 개발비와 편찬비로 배정된 예산이 23억 원이다. 한 종류당 약 1,300만원이다. 이 속에는 집필원고료 1장당 5천원과 원색삽화료 편당 25,000원이 들어 있다. 한번 편찬된 교과서가 전국 학생들에 의하여 5년간 사용된다는 점을 감안하면, 그런 책을 일반 출판사가 개발 · 편찬할 때 들일 액수와 비교해서 여전히 형편없이 낮은 것이다. 이렇게 낮은 원고료와 삽화료로는 우수한 필자와 화가를 확보할 수 없다는 것이 출판가의 중론이다. 제책비를 한 권당 얼마씩 들일 계획인지는 알 수 없으나, 그동안의 정부 자세대로라면 여전히 값싼 교과서가 제작될 것이다.

민간 출판사가 제작하는 검인정 교과서의 정가는 경제기획원이 정하는데, 물가를 자극한다는 이유를 내세우면서 한사코 싸게만 책정한다. 도대체 물가의 상승을 아이들이 공부하는 교과서 값을 낮춤으로써 잡겠다는 발상이 어떻게 나오는 것인지 이해할 수가 없다. 경제기획원을 설득하지 못하는 교육부의 관리들도 한심스럽기 짝이 없다. 이런 나라는 아마도 한국을 빼놓고는 다시 없을 것이다. (통일한국 93-04)

대입선발제도의 성공 조건

교육부는 2008년도부터 수학능력시험의 비중을 대폭 낮추고 내신성적 위주로 신입생을 선발하는 대학입시제도 개혁안을 발표했다. 대학신입생 선발에 고등학교에서의 학습수준과 활동내용을 중심 자료로 활용한다는 것은 기본적으로 옳은 방향이다. 교육선진국들은 일찍부터 고교성적과 활동기록 중심의 대입선발방식을 정착시켰다.

그런데 이 선발방식이 성공하기 위해서는 적어도 두 가지 조건이 전제되어야 한다. 하나는 고등학교에 대한 신뢰구축이고 다른 하나는 내신성적의 정확한 학습 수준 반영이다.

고질적 한국병인 대학입시제도의 병폐와 그로 인한 사교육비 폐해의 근본원인은 따지고 보면 고등학교에 대한 불신에 있다. 고등학교에 대한 불신은 대학과 학부모들이 고교 내신성적을 신뢰하지 않는다는 사실에서 알 수 있다. 대학별 고사나 수능시험이 입시교육을 부추기기 때문에 1981년부터 고교내신을 전형자료 총점의 30퍼센트 이상, 1994년부터는 40퍼센트 이상을 의무적으로 반영하도록 제도화하였다. 그러나 실질 반영률은 언제나 10퍼센트 내외에서 맴돌고 있다. 대학들이 고교내신을 신뢰하지 않기 때문이다.

교육부가 전력을 기울여 추진해야 할 정책과제는 고등학교를 신뢰하게 만드는 장치와 분위기를 조성하는 것이다. 시행할 의지만 확고하다면 방법은 있다. 고등학교에 대한 불신만 문제는 아니다. 대학교도 불신으로부터 벗어나야 한다. 사학 관리에 대한 논란도 여기에서 해법을 찾아야 한다.

한편, 내신성적을 학력지표로 활용하는 데 있어서 가장 큰 쟁점은 학교별 상대평가로 내신을 산출한다는 교육부의 정책이다. 이 방식은 학생 개인 간 변별력을 인위적으로 낮추기 때문에 대학들이 반발하고 있다. 일부 대학은 평준화 정책을 입시제도와 연계시키는 교육부의 금지 방침에도 불구하고 고교등급제를 고려하고 있다. 그러나 고교등급제를 채택한다고 문제가 해결되지는 않는다. 고교학력고사의 도입을 진지하게 논의할 때가 되었다. 대학이 아니라 고교가 주도하는 학력고사를 말한다. 유럽과 북미에서 대학입시 문제가 우리처럼 심각하지 않은 이유는 고교내신을 신뢰할 수 있는 장치를 정착시켰고, 대학이 아니라 고교가 주도하는 학력고사를 발전시켰다는 데에 있다. 그리고 또 한 가지, 대학들이 신입생 선발에 들이는 노력보다 더 큰 노력을 졸업생의 질적 수준 향상을 위한 기준

과 교육방법 개발에 쏟고 있다는 사실에도 주목할 필요가 있다. (교수신문 05-03)

졸업자격기준이 있는가? 필요한가?

정부의 대학평가 지침은 물론이고 대다수 대학의 교수 평가 기준도 교수들의 연구업적에 큰 비중을 두고 있고, 젊은 교수들도 연구를 선호하는 경향이다. 훌륭한 교수는 연구 많이 하는 교수라는 식의 분위기도 형성되어 있다. 이러한 풍토의 지속이 한국의 장래를 위해서 이로울까?

지난 50년간 그 숱한 조령모개 속에서 한 치도 변하지 않고 견지해 온 정부의 고등교육정책 방향은 정원관리에 의한 대학 통제이다. 학생 정원을 한 명이라도 초과하면 불호령이 떨어졌다. 학생 수에 대해서는 이렇게 엄격한 정부가 학생의 질에 대해서는 철저히 무관심했다. 학부나 대학원을 불문하고 졸업생의 질적 수준에 대해서는 정책적 관심은 전무했다. 정부뿐만 아니라 대다수 대학도 마찬가지이다. 그 결과 대학교육의 질은 끝없이 추락했다.

유럽은 지금 대학졸업생의 질적 수준에 관한 논의가 한창이다. 유럽의 대학들이 초창기부터 학생의 수보다 질에 초점을 두어온 것은 상식이다. 그런데 세계화에 따라 유럽연합으로 단일 체제를 지향하게 되자, 고등교육 수료 및 학위의 상호인정을 위한 협약 추진이 가속화되고 있다. 1999년에는 유럽연합 내 학사과정 및 석사과정의 일치화를 결의한 이른바 볼로냐 선언을 채택하였다. 논의의 핵심은 자연히 학사학위 및 석사학위의 질적 수준을 국가 간에 어떻게 일치시킬 것이냐에 모아진다.

한 나라 교육의 질은 졸업생의 질이다. 졸업생의 질을 유지하기 위해서는 불가피하게 각 학문별 졸업자격인정 기준의 설정이 필요하다. 학문 간에 성격이 크게 다르기 때문에 기준 설정 방식과 기준의 폭이 다를 수밖에 없지만, 극히 원론적으로나마 그리고 유동적일지라도 기준의 개념은 필요하다.

그리고 또 중요한 것은 그러한 학생들이 그 기준에 도달하도록, 즉 그 수준까지 학습하도록 어떤 방법으로 지도하고 도와줄 것인가에 대한 교육 시스템의 개발과 가동이다. 이것을 교수들 각자가 알아서 가르치라고 한다면 교육시스템의 초보도 되어 있지 않은 것이다.

교수들이 잘 가르치기 위해서는 연구에 들이는 노력에 못지않는 노력이 필요하다. 대학차원에서도 연구를 위한 지원만큼 교육을 위한 지원을 해주어야 제대로 교육시스템이 조성된다. 더욱이 교수평가와 대학평가 같은 제도에 교육의 비중을 반영하지 않으면, 교수들은 교육보다 연구에 치중하게 된다.

학회의 역할도 중요하다. 각 학회에 해당학문의 교육을 연구하고 논의하는 위원회를 운영할 것을 제안한다. 해당 학문의 학사, 석사, 박사학위의 인정 기준에 관한 연구와 토론도 긴요할 것이다. (교수신문 04-07)

교육은 이미 개방시대

일전에 읽은 신문기사에는 외국어연수를 위하여 외국에 나가있는 젊은이들이 날로 늘고 있는데, 그들이 여러 문제를 일으켜서 현지 교포사회에까지 걱정거리가 되고 있다는 내용이 담겨 있었다(1993년). 호주에만도 영어연수를 거쳐 대학에 입학할 목적으로 우리 청소년들이 2천명쯤 머물고 있는데, 대학입학이 이곳에서 듣던 것처럼 쉽지 않아서 방황하는 수가 적지 않고, 그들이 송금해 가는 돈도 만만치 않아서 외화유출의 국가적 부담까지 커지고 있다는 것이다.

호주의 대학과 학원들은 여러해 전부터 서울에 사무실을 차려 놓고 한국학생들을 유치해 가기 위하여 여러 가지 홍보전략을 쓰고 있다. 일간지 광고란에는 호주뿐만 아니라 일본, 미국을 비롯하여 여러 나라의 각종 교육기관들이 한국학생 유치에 열을 올리고 있다. 그들의 목적은 말할 필요도 없이 한국학생들을 유치하여 교육비를 챙기려는 것이다.

현재는 한국학생을 자국으로 데려가는 데 열을 올리고 있지만, 우루과이라운드의 교육부문이 타결되면 외국의 교육기관들이 한국에 직접 시설을 차려 놓고 학생모집에 나설 것이다. 그 우루과이라운드 교육부문협상이 거의 마무리 단계에 있다.

교육부는 1995년부터 교육시장을 개방하기로 방침을 세우고, 국제교육협력 및 국제화교육을 강화하는 내용의 교육법개정안을 입법예고하였다. 교육부의 교육시장개방일정에 따르면, 1995년부터 외국인이 국내에서 기술 및 예체능을 포함하는 전문학원을 설립할 수 있으며, 96년부터는 어학 및 입시계가 주종을 이루는 일반학원을, 96년 이후부터는 대학과 대학원을 각각 설립할 수 있도록 한국의 교육시장이 점진적으로 개방된다.

이러한 개방은 몇 년 전부터 지루하게 진행되어 온 우루과이라운드협상에 대한 정부의 대응책으로 나온 것이다. 그동안 우루과이협상이 진행되는 동안에도 외국교육기관들은 국내의 풍부한 교육수요자를 노리고 끊임없이 학원과 대학의 교육시장개방을 요구해 왔다. 또한 우루과이라운드는 금융, 농산물, 서비스 부문의 협상과정을 통하여 이미 드러나 있듯이 기본적으로 개방지향의 협상일 뿐만 아니라, 국가 간의 시장개방이 장기적 안목에서 볼 때 우리나라에 유리한 것이었다. 이에 교육시장의 개방도 시간문제일 뿐 불원간 불가피할 것으로 예감하고 있었다.

국내 교육시장이 개방되면 아마도 제일 먼저 프랑스, 이태리, 미국, 일본 등의 각종 예체능계 학원들이 앞을 다투어 상륙할 것이다. 이미 이 나라들의 각종 학원에는 수많은 한국인들이 줄을 이어 유학하고 있는 형편이므로 국내에 설립하기만 하면 수강생들이 몰려들 것으로 예상된다. 외국인 운영의 외국어학원들도 전국에 체인을 형성하면서 국내의 외국어학원을 빠르게 석권할 것이다.

입시계 학원조차도 안전하지 않으리라는 것이 전문가들의 관측이다. 우리나라와 비슷한 입시제도 때문에 입시준비학원을 고도로 발달시킨 일본의 학원기업이 30여만 명에 이르는 한국의 재수생 시장을 오래전부터 노리고 있기 때문이다. 이렇게 되면 국내의 수많은 학원들이 심각한 타격을 받으리라는 것은 두말할 나위도 없다. 특히, 음악, 미술, 디자인, 의상, 외국어 분야의 수강생들을 외국인 설립 학원에 빼앗길 것이다.

학원에 이어, 대학과 대학원 분야에도 외국 유명대학의 분교들이 비온 뒤에 죽순 솟듯이 여기저기에 설립될 것이다. 이미 몇 해 전부터 한국에 사무실을 차려놓고 학생유치에 온갖 방법을 동원해 온 외국대학들이 국내에 분교를 차려 놓고 일정기간 이상 분교에 등록한 학생들에게 자국유학의 특전을 주는 형식으로 학생을 모집한다면 많은 학생이 이곳으로 몰릴 것이다. 더욱이 국내 학위보다 외국 학위를 선호하는 것이 우리의 풍토이므로 외국대학의 분교에 많은 수가 몰릴 것으로 예상된다.

한국교육은 국제적 개방에 있어서 특이한 취약성을 지니고 있다. 엄청난 교육열, 재수생을 양산하는 입시제도, 교육비의 자비부담제도, 제한된 교육기회, 엄청난 규모의 교육산업시장, 누구라도 될 수 있는 학원설립자와 원장의 자격규정미비 등은 외국의 교육기업들이 다른 나라에서는 발견할 수 없는 특이한 호조건이다. 외국이 한국교육시장의 개방을 집요하게 요구하는 것은 그 때문이다. 그러므로 교육시장이 개방되면 얻을 것도 있지만 잃을 것도 많다. 개방에 의하여 손해를 안보고 유리하게 이용하기 위해서는 현명하고 적극적인 대책이 필요하다.

정부는 지엽적이고 말단의 교육문제에 매달리지 말고 대학을 비롯한 모든 교육의 품질향상, 방만해진 사교육의 공공성 증대, 날로 비대해지는 교육산업의 억제와 사교육비의 학교유입 등 근본적 제도개혁에 손을 써야 한다. (서울신문 93-10)

자식 교육비 줄여 자가용 굴리는 사람들

날로 더 치열해지는 국제경쟁시대에 다른 나라보다 앞서기 위하여 가장 필요한 것은 말할 필요도 없이 과학기술의 자립과 고급전문인력의 양성이다. 오늘의 정보화시대에는 지식과 정보 및 기술의 자립능력이 없으면 다른 나라를 앞서갈 수 없다. 국토의 면적이나 인구의 규모로 국력을 계산하던 시대가 지나고 지식, 정보, 기술의 수준이 국력을 판가름하는 시대에 들어섰기 때문이다.

그동안 우리는 이 두 가지를 모두 선진 외국에 의존해 왔다. 필요한 기술은 빌려오거나 로열티를 지불하고 사다 썼다. 그리고 고급인력은 유학이라는 이름으로 외국에 맡겨서 교육해다 썼다. 그러나 이제는 '자립' 을 하지 않고는 무서운 경쟁에서 살아남기조차 어려운 시대에 들어섰다. 더욱이 과거에 우리가 후진국일 때에는 필요한 기술이 저급한 것에 불과했고, 필요인력도 그렇게까지 첨단의 고급인력이 아니었으므로 외국에서 빌려다 사용하고 외국대학에 유학 보내 길러 와도 별 어려움이 없었다. 중진국이라고 할 때까지만 해도 그런대로 넘어갈 수 있었다.

그러나 이제는 판이하게 다른 상황이 되었다. 한국이 어느새 선진국들이 노골적으로 견제하는 경쟁상대국으로 부상하였기 때문이다. 세계는 바야흐로 지역별 블록화의 시대가 되어 유럽공동체(EC)는 이미 상당히 실질적인 경제공동체로 자리를 잡았고, 미국, 캐나다, 멕시코는 바로 얼마 전에 북미자유무역지역(NAFTA)으로 서로를 묶는 데 성공하였다. 이들은 모두 무섭게 뻗어나는 동아시아의 경제적 공세로부터 스스로를 보호하기 위하여 지역 내 국가끼리의 결속을 다지는 것인데, 이들이 두려워하는 대상에는 물론 한국도 들어 있다.

세계의 역사적 흐름을 주의 깊게 관찰하는 미래학자와 세계문제 전문가들이 동아시아 국가들의 부상을 거의 단정적으로 기정사실화하고, 한국의 위상을 예외 없이 높이 설정하는 것은 이제 하나의 상식처럼 되었다. 한국이 정말로 경제 강국으로 부상할 것이냐에 대해서는 이견이 있을 수 있다 해도, 한국이 선진국들의 눈에 무서운 경쟁대상국의 하나로 인식되고 있는 것만은 틀림없다. 그러므로 그들에게서 과거처럼 빌려오고 얻어오는 것은 기대하기도 어려워졌을 뿐만 아니라, 이제는 우리가 필요한 기술의 수준과 전문인력의 수준이 그들로서도 내어놓기 어려운 것이 되었다. 그만큼 우리의 수준이 높아졌기 때문이다.

결국 과학기술과 교육이 자립하지 못한다면 선진국대열의 진입이니 21세기 세계의 주역이니 하는 말은 모두 공염불에 불과하다는 사실을 분명히 깨달아야 한다. 그런데도 과학기술선진화 G-7계획이나 과학기술기금의 조성과 같은 과학기술의 진흥을 위해서는 실질적인 정책을 수립하면서도, 교육을 위한 정책은 '교육개혁위원회' 를 구성하겠다는 대통령 취임 전부터의 공언조차 아직 실현되지 않고 있는 실정이다.

초·중·고등학교, 대학, 대학원이 제 구실을 하지 못하는데, 무슨 수로 과학기술을 선진화하고 고급전문인력을 양성할 것인지 암담하다. 과학기술은 교육과 함께 발전하는 것이지 그것만 따로 발전하는 것이 아니다. 선진국들의 과학기술은 그 기초가 중·고등학교 교실과 대학의 연구실에서 나오는 것이며, 그 과학기술을 연구하는 학자들도 대학에서 길러진다는 사실은 새삼스럽게 지적할 필요가 없다. 그러나 우리의 대학은 재정난과 시설난 그리고 인력난으로 허덕이고 있는데, 국가는 이것을 해결할 아무런 대책도 내놓지 않고 있으니, 이런 자세로 어떻게 살벌한 국제경쟁을 뚫고 나갈 것인지 답답하기 그지없다.

사회 각 부문에 대한 개혁과 아울러 교육부문의 개혁에 대하여 새정부에 국민들이 걸고 있는 기대는 전에 없이 크고 진지하다. 그것은 대통령이 스스로 '교육대통령' 으로 자임하고 나설 만큼 교육문제를 중요하게 다루겠다고 한 국민들과의 약속 때문이기도 하지만, 그동안 개혁이니 개선이니 하면서 조령모개가 무색할 정도로 바뀌

온 교육정책이 실제로는 오히려 파행만을 거듭해 왔다는 인식 때문이다. 이제는 교육을 도저히 더 이상 이대로 놔둘 수 없다는 위기의식이 국민들 사이에 팽배해 있는 것이다.

교육개혁의 구상과 추진에 있어서 정부가 반드시 유의하여야 할 것은 국정 우선순위에 있어서 교육정책의 위상을 실질적으로 상향시키지 않으면 개혁은 말장난에 지나지 않는다는 사실이다. 역대 다른 대통령들도 말로는 항상 교육이 가장 중요한 것이라고 되뇌었다. 그러나 불행하게도 실제의 국가정책 수립과정에는 그 뜻이 반영되지 않았다. 반영되기는커녕 정책의 우선순위에서는 항상 아래로 밀려났다. 그 결과 지난 20여 년에 걸쳐 경제성장의 혜택을 사회의 모든 부문이 받았지만 교육만은 뒷전에서 맴돌았다. 다른 모든 부문은 눈에 띄게 달라졌으나 학교는 예나 지금이나 비슷하다. 우리 사회에서 '풍요 속의 빈곤' 지대가 바로 학교이다.

만약 자식들의 교육비를 줄여서 그 돈으로 자가용 사서 굴리는 부모가 있다면 그 집안은 볼 장 다 본 집안이다. 경제성장을 했다는 나라가, 선진국 대열에 들어가겠다는 나라가 다른 부문은 모두 급속하게 좋아지는데, 유독 차세대를 교육하는 학교와 과학기술의 산실인 대학만 가난하게 방치한다면 그 나라 장래가 어떻게 될 것인가. 불을 보듯 뻔한 것 아닌가? (도산회보 94-01)

대학을 살려야 한다

연속적인 대규모 입시부정사건(1993년)으로 대학의 권위는 여지없이 실추되고 말았다. 대학이 이 지경이니 민족의 장래가 암담하다는 개탄의 소리가 높다. 이 기회에 대학을 대대적으로 수술하여 바로 잡아야 한다는 대학개혁론도 대두되고 있다.

그러나 누가 뭐라 해도 이론의 여지가 없이 명백한 과제는 빈사상태에 있는 대학을 살리는 일이다. 대학이 죽으면 한 나라의 교육전체가 죽고 만다. 오늘날과 같은 과학기술경쟁시대에 대학을 튼튼하게 발전시키지 못한다면, 과학기술이론과 고급전문인력의 자급자족이 불가능해지므로 선진국 의존에서 벗어날 길이 없어진다.

국가발전의 초기단계에서는 필요한 과학기술도 초보적인 것이었으므로 미국이나 일본 등에서 얻어올 수도 있었으나, 선진국으로의 진입을 넘보고 있는 오늘의 한국은 이미 이들 나라의 경쟁대상국

리스트에 올라 있어서 심한 견제와 노골적인 배척을 당하고 있다. 우리에게 필요한 기술을 선진국으로부터 빌리거나 사오고, 고급전문인력의 양성을 외국유학과 외국연수라는 손쉬운 방법으로 해결하던 단계는 이미 지났다. 우리가 앞으로 발전하면 할수록 더욱 더 강력한 견제와 저항을 받게 될 것은 두말할 나위도 없다.

그러므로 날로 치열해지는 국제경쟁에서 살아남기 위하여, 그리고 선진 강대국의 지배를 다시는 받지 않기 위하여, 무엇보다 우선적으로 그리고 장기적 안목을 가지고 해결하여야 할 과제는 대학을 국제적 상위수준으로 끌어올리는 일이다.

새 정부도 경제부문의 5대 개혁과제의 하나로 '교육 및 인력양성제도'를 선정하고 대책마련에 부심하고 있다. 한국경제의 국제경쟁력제고를 위해서는 수준 높은 과학기술인력의 양성에 성패가 달려있다고 보고, 자연과학 및 공업기술계 대학교육을 확충할 계획을 결정하였다. 특히 전문대학과 4년제 대학의 공업기술분야의 정원을 대폭 늘릴 계획이다.

그러나 한국 고등교육의 근본적 문제는 양적 부족이 아니라 질적 관리의 부재에 있다. 그러므로 정부의 고등교육정책은 양적 확대로부터 질적 향상으로 전환하여야 한다. 질적 향상을 위해서는 여러 요소가 필요하지만 가장 근본적 요소는 소요재정의 확보이다.

그런데 대학은 고질적인 재정적 빈곤에 빠져 있다. 대학의 재정빈곤은 일시적인 현상이 아니고 구조적인 문제라는 데에 사태의 심각성이 있다. 4년제 대학교육을 4분의 1은 국공립이, 4분의 3은 사립대학이 담당하고 있다. 국공립대학의 재정상황도 빈곤하기는 마찬가지이지만 대학교육의 대부분을 담당하고 있는 사립대학의 실정은 너무나 심각하다. 학생들의 등록금에 거의 전적으로 의존하여 운영되고 있는데, 등록금만으로는 교수의 증원과 시설의 증축이 거의 불가능하다.

이유야 어찌되었든 사립대학들은 설립재단의 도움도 없고 정부의 지원도 없이 학생들이 부담하는 등록금에 거의 전적으로 의존하여 운영하고 있는 실정이다. 재단과 정부의 지원이 전혀 없는 것은 아니지만 그야말로 조족지혈에 불과하다. 사립학교운영비 가운데 국고부담이 7퍼센트, 재단부담이 6퍼센트에 지나지 않고, 학생부담이 79퍼센트를 차지한다. 국고부담이 적은 것은 초·중등학교 교육비와 국립대학 교육비 부담에도 힘겹기 때문이며, 재단의 부담이 적은 것은 재단법인이 보유하고 있는 수익용자산이 보잘것없기 때문이다.

사립대학재단 수익용자산의 부실은 설립자들에게 일차적 책임이 있지만 사립대학인가권과 감독권을 가지고 있는 정부에도 책임이 있다. 새로운 대학설립인가의 요건으로 요구하는 수익자산이 비현실적으로 낮게 규정되어 있다. 그렇기 때문에 몇 10대 1의 경쟁을 뚫고 대학신설심사위원회의 엄격한 심사를 거쳐 인가를 받은 대학들이 인가만 받으면 설립 바로 다음날부터 재정난을 호소하는 어처구니없는 일이 벌어지고 있는 것이다. 따라서 당장 금년부터 수익용 자산의 기준을 현실적 수준으로 높여야 한다.

그러나 그것은 앞으로 신설할 대학들에나 적용될 수 있으므로 기존대학들을 살리기 위한 대책을 세워야 한다. 대책은 다른 길이 없다. 사립대학에 대한 국가지원을 확대하는 것이다.

여기에 반드시 선행되어야 할 조건이 있다. 사립대학의 공공성을 높여야 한다는 것이다. 즉, 사립대학의 회계는 공인회계사의 감사를 거쳐 공개되어야 한다. 그리고 설립자인 재단 이사회에 지나치게 권한을 집중시켜 놓은 사립학교법을 곧 개정하여, 교주와 그 가족들의 사유기관처럼 되어 있는 사립대학을 공공성을 띤 육영기관으로 만들어야 한다. 그래야 비로소 사립대학에 대한 국가지원의 정당성을 확보할 수 있을 것이다. (도산아카데미 93-03)

교육개혁과 시민운동

교육은 누가 보아도 문제투성이어서 누구나 교육개혁론을 펴지만, 개혁은 둘째 치고 조그마한 개선조차도 이루어지지 않고 있다. 역대 정권마다 교육을 개혁한다고 교육개혁심의회니 교육정책대통령자문회의 등을 설치하여 운영하였지만, 말들만 많았지 어느 문제 하나도 똑바로 해결한 것이 없다. 현 정부(1994년)도 교육개혁위원회를 설치하여 교육문제를 개혁하겠다고 공언한 지가, 일년이 다 되었는데도 개혁은커녕 위원회를 출범도 못시키고 있다.

개혁의 손을 기다리고 있는 문제는 여러 가지가 있지만 시급한 것은 대학문제이다. 대학은 그 자체로도 중요한 문제이지만 대학교육의 병폐는 하급학교 교육까지 병들게 하기 때문에 더욱 중요하다. 잘못된 입시제도는 대학뿐만 아니라 중고등학교 교육을 비정상으로 만든다.

교육개혁에는 우선 다음과 같은 것들을 반드시 포함시킬 필요가 있다.

첫째, 대학정책의 방향을 종래의 양적 확대의 정책으로부터 질적 수준향상의 정책으로 방향을 전환하여야 한다. 특히 대학과 대학원 교육의 질적 수준향상은 이 치열한 국제경쟁시대에 있어서 국가의 존망이 걸리다시피 한 시급한 과제이다. 이제까지의 대학교육정책은 학생수만 가지고 따지는 학생정원 관리정책이었다. 그러므로 정원에 한 명만 넘어도 불호령을 내리는 교육부가 대학이 마땅히 갖추어야 할 교수와 교육시설이 턱없이 모자라도 용인해 주었다. 이제는 정책방향을 180도로 바꾸어 교수와 교육시설의 확보 여부는 엄격히 감독하는 반면 정원에 대해서는 대폭 완화하여야 한다. 학생수에 대한 교수와 시설의 확보율만 실제로 엄격히 지킨다면 학생정원은 궁극적으로 자유화해도 크게 문제될 것이 없다. 요컨대 교육여건을 실질적으로 향상시킴으로써 규모만 비대하고 내실은 빈약하기 짝이 없는 교육을 확실하게 바로잡아야 할 것이다.

둘째, 입시제도를 개혁하여 고질적인 비교육적, 비인간적 입시훈련을 척결하여야 한다. 4년제 대학의 입시는 이제까지의 석차에 의한 '상대적 경쟁선발제도' 로부터 일정 수준의 대학교육과정을 제대로 이수할 수 있는 사람에게만 입학자격을 부여하는 '대학입학자격고사제' 를 도입한다. 이를 위해서는 고등학교 2학년 수료단계에서 대학입학자격시험을 실시하여, 3학년에서 진학자에게는 현재의 대학교양과정과 같은 폭넓은 교양교육을 실시하고, 비진학자에게는 취업준비교육을 실시한다. 반면에 전문대학에는 입학기준과 정원을 자유화함으로써 국민 누구나 원하기만 하면 전문대학까지 다닐 수 있도록 기회를 개방하고 교육과정과 학사운영도 대학의 자율에 맡긴다. 입학자격고사제 도입으로 발생할 수 있는 일부 4년제 대학의 학생부족현상은 교육개혁을 위한 불가피한 대가로 받아들여야 한다. 그러한 대학이 전문대학으로 전환하기를 원하면 도와준다.

셋째, 과학기술교육의 강화인데, 이를 달성하기 위해서는 국사립대학 간의 기능분담이 필요하다. 즉, 막대한 투자가 필요한 과학기술교육은 국립대학에게 주로 담당하도록 하고, 교육비가 다소 적게 드는 인문사회과학교육은 사립대학이 주로 담당하도록 기능을 분담시키자는 것이다. 이제까지는 이러한 기능분담이 없었으므로 부실한 이공계졸업생을 많이 배출하여, 대졸실업자만 늘려왔다. 이번 입시부정사건으로 들어났듯이 재정난에 허덕이는 사립대학들에게 엄청난 설비투자와 교육운영비가 필요한 첨단과학기술교육을 맡기는 것은 무모한 정책이 아닐 수 없다.

넷째, 교육투자의 확대를 위하여, 국가와 지방자치단체 간의 교육비분담구조를 개편하는 한편, 사교육비지출을 공교육비화할 수 있도록 교육관련세제를 개혁하여야 한다. 교육비분담의 기본구조를 초중등교육은 지방자치단체에게 맡기고 대학교육은 국가가 담당하도록 개편하여야 한다. 그리고 각 가정에서 학원비, 과외비, 참고서비 등으로 지출하는 막대한 사교육비를 지방세 및 교육관련세제의 개혁을 통하여 공교육비화하여 학교로 끌어들여야 한다. 그렇게 하면 공약으로 내세웠던 교육예산의 국민총생산 5퍼센트는 어렵지 않게 달성할 수 있을 것이다.

다섯째, 사립학교의 공공성을 높여야 한다. 현재는 일부를 빼놓고는 사립교육기관들이 마치 개인소유물처럼 되어있다. 학교 이름을 대면 그 학교 주인이 누구라는 것을 금방 알 수 있을 정도로 사적 소유성이 강하다. 게다가 수년 전에 개정한 사립학교법이 철저하게 설립자본위로 되어 있어서, 지난해 입시부정사건을 통하여 극명하게 들어났듯이 설립자와 그 가족들의 횡포가 이만저만이 아니다. 이래가지고는 사립학교의 정상적 발전도 어렵거니와 사립학교에 대한 국가의 재정지원을 정당화하기 어렵다. 하루 빨리 사립학교법을 개정하여 공공관리의 폭을 넓히고 학교회계를 공개하는 등 공공성을 확대시켜야 한다. 그렇게 하는 한편, 국고와 지방재정의 사립학교지원을 대폭 늘려야 한다.

여섯째, 학교일변도의 교육제도와 엄격한 국가통제를 핵심으로 삼고 있는 교육법과 교육관련 법체계를 개편, 개정하여, 평생학습시대에 적합한 민주적 '교육기본법'을 제정하고, 그 하위에 학교법과 사회교육법을 두어야 한다. 교육관련법의 기본정신을 국가통제의 국민교육으로부터 시민사회실현을 위한 시민의 교육주권과 교육기관의 전문적 자율성을 보장하는 법정신에 기초하도록 한다.

이상 교육개혁의 추진을 정부에만 일임해서는 안된다는 것이 이제까지의 경험이 주는 교훈이다. 과거에 수없이 보아왔듯이 정부의 개혁의지라는 것은 액면 그대로 믿기가 어렵다. 그리고 오랫동안 온존해 온 기존의 제도를 통하여 이익을 얻는 집단이 만만치 않게 강해졌기 때문에 개혁에 대한 저항을 무릅쓰고 정부가 개혁을 추진하려면 정치적 부담도 크기 때문이다.

그러므로 교육개혁을 위해 학부모와 시민단체가 참여하여 시민운동으로 밀고 나가야 한다. 정부도 교육개혁을 위한 논의과정에서부터 시민단체를 참여시키고, 개혁의 추진 과정에 그들의 협력을 구하여야 한다. 교육에 관심 있는 시민운동단체들의 연대와 협력이 절실하게 필요하다. (계간비판 94-01)

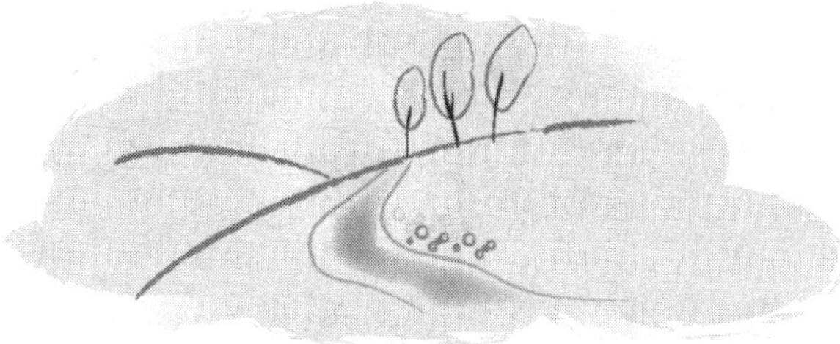

part 3 평생학습사회를 꿈꾸며

교육주의에서 학습주의로

세계적으로 잘 알려진 한국인의 특성 가운데 하나는 높은 교육열이다. 실지로 한국인의 교육열은 세계 제일이다. 세계 제일의 교육열은 긍정적 면도 있고 부정적 면도 있다. 흔히 지적되는 부정적 면은 지나친 교육열이 아이들을 입시지옥으로 몰아넣어, 아이들이 타고난 재능과 성품을 살리는 것이 아니라 오히려 죽이는 교육으로 몰아 간다는 점이다. 그러나 입시지옥은 교육열이 만든 것이 아니고 잘못된 입시제도가 만든 것이다. 우리 학부모들의 교육열은 공헌이 더 크다. 그동안 열악한 교육환경 속에서도 한국인들이 이만큼이라도 배울 수 있었던 것은 자식 교육을 위해서라면 온갖 희생을 마다하지 않은 한국 부모들의 교육열 덕분이다.

그런데 세계 제일의 교육열 뒤에 숨어 있는 정작 심각한 문제는 자녀들의 교육에는 물불을 가리지 않으면서도, 부모 자신들의 교육에는 놀랄 만큼 무관심하다는 사실이다. 국제적 수준에 비추어 본 한국 성인들의 교육활동 참여율, 독서량, 문화생활지표는 형편없이 낮다. 한마디로 한국 성인들은 공부를 안 한다는 것이다. 결국 한국인의 교육열의 정체는 자녀의 입시준비에 대한 열기일 뿐, 부모를 포함한 한국인 전체를 위한 교육열은 아니라는 데에 문제가 있다.

인간은 가르치는 활동과 함께 배우는 활동을 한다. 그런데 사람들은 자식이나 남을 가르치는 일에는 큰 관심을 기울이지만, 자신이 배우는 일에는 관심이 적다. 따지고 보면 배우는 활동이 자신에게 훨씬 더 중요한 데에도 말이다. 율곡 선생이 말하기를 "인간은 태어날 때 보잘 것 없는 존재지만 부단한 학습생활을 통하여 지식과 인격을 함양함으로써 인간답게 된다. 그러므로 학습활동은 평생하는 것이지 일정 시기에만 하는 것이 아니다."라고 했다. 말하자면 인간은 평생학습을 통하여 부단히 자기혁신과 성장을 추구하는 존재라는 것이다.

특히 한국인들은 자기 자신의 학습활동에는 무관심하고 자식의 교육에만 열중한다. 자기 자신이 열심히 배워 능력을 계발하고 인격을 수양하는 하는 것은 소홀히 하면서, 자식들에게만 죽어라 공부하라고 강요한다.

부모 자식 사이만이 아니다. 지도자라 자처하는 사람들도 국민의식개혁 등을 내세우면서 국민에 대한 교육은 역설하지만 스스로의 학습은 소홀히 한다. 사회 지도층 인사들은 국민교육에 대해서는 모두 일가견을 가지고 있고, 기회만 있으면 국민에 대한 교육을 외친다. 그런 의미에서 대한민국 국민 모두가 교육자이다. 자신이 학습자라는 사실은 망각하고 산다. 교사들 가운데 자신의 학습활동은 소홀하면서, 교육에 대한 자기주장만 고집하는 사람이 많은 것도 한국 교육이 안고 있는 심각한 문제의 하나이다.

자신은 빼고 다른 사람들을 교육의 대상으로 보고 가르치려고 하는 사고방식을 '교육주의'라 부르고, 자신을 항상 배우는 사람으로 인식하고 스스로 먼저 배우기 위해서 노력하는 자세를 '학습주의'라 부를 수 있다. '교육주의'는 남을 가르치는 일에 열중하는 자세이고, '학습주의'는 우선 자신이 배우는 일에 열중하는 자세이다. 인생을 가르치는 자의 자세로 살아가는 것은 교육주의자이고 배우는 자의 자세로 살아가는 것은 학습주의자이다. 교육주의자는 자신이 아는 것이 많고 인격도 높다고 생각하는 반면, 학습주의자는 아직도 스스로 아는 것이 적고 인격도 더 수양해야 한다고 생각한다.

소위 사회지도층 인사들 가운데에는 학습주의자는 적고 교육주의자들이 많다. 이들은 사회문제를 항상 국민의 무지와 이기심의 탓으로 돌리고, 자신의 무지와 이기심은 돌아보지 않는다. 그래서 매사를 국민 탓으로 돌리면서, 국민계도를 주장한다. 이것은 권위주의 시대의 잔재이다. 정보혁명이 만드는 지식기반사회의 키워드는 학습이다. 누구나 예외 없이 학습자이기 때문이다. 학습주의가 새 시대 패러다임이다. (교육학과동문회 03-02)

이제 당신은 학교의 손님이 아니라 주인이다

까마득한 듯하면서도 또렷하게 기억되는 초등학교 또는 유치원 입학식 날의 그 정경. 무엇이 좋은 줄도 모르고 마냥 즐거운 기분으로 엄마 손 잡고 들어서던 교문. 수많은 낯선 아이들 틈에 줄 맞춰 서서 선생님 이야기는 듣지도 않고 엄마 얼굴만 찾던 당황스럽던 그날. 그 추억이 엊그제 같은데 내가 어느새 학부모가 되어 내 아이를 유치원으로, 학교로 데리고 가다니……

누구나 첫아이 입학 때 느끼는 감정이다. 그리고 이것은 현대 사회에서는 누구나 거치는 인생의 발달 과업이다. 현대인은 누구나 태어나 자라면 학교에 가고 상급학교 입시 준비하면서 고통스러운 과정을 겪으며 어머니 아버지 가슴도 조이게 만든다. 그러다가 졸업하고, 결혼하고, 어느새 아이가 자라서 유치원에 갈 나이가 되고, 학교에 입학한다. 얼떨결에 학부모가 되어 버린다.

초보 학부모이거나 예비 학부모로서 당신은 지금, 학부모란 무엇이고 무슨 역할을 해야 하는 것인지 분명하게 알지 못해 답답하다. 아이를 그냥 유치원이나 학교에 맡겨만 놓으면 되는 것인지, 유치원이나 학교를 들락날락하면서 무엇인가 수선을 떨어야 하는 것인지 알 수가 없다. 누구네 엄마처럼 우리도 아이를 미술 학원이나 피아노 학원에 보내야 하는 것 아닌가? 조기 영어교육이 중요하다는데 그런 곳에 보내 볼까? 학교운영위원회라는 것을 만든다는데, 그런 것에 참여하는 것이 좋을까, 가만히 있는 것이 좋을까. 촌지 봉투는 정말 갖다 주어야 하는 것인가 아닌가.

당신뿐이 아니다. 누구나 학부모가 되면 정답을 알 수 없는 이런 의문에 고민을 한다. 이 사람 저 사람에게 물어도 보지만 시원한 대답은 없다. 도움이 되는 이야기래야 주변에 있는 '선배' 학부모의 경험담이 고작이지만 그것도 정확하지 않기는 마찬가지이다. 막상 되고 보니 학부모 노릇이라는 것이 이만저만 어려운 게 아니다. 학교 다니는 것보다 학부모 노릇이 더 어렵다.

과거의 학부모들은 현재의 학부모들도 크게 다를 바 없지만 자녀의 교육 문제를 개별적으로 해결하려 했다. 학부모들이 함께 모여 협동하기보다는 개인적으로 선생님을 만나고, 개인적으로 학원에 보내어 문제를 해결해 왔다. 그 결과로 얻은 것이 무엇인가? 학교는 여전히 가난하고, 입시지옥은 없어지지 않고, 아이들은 비인간적인 학교생활에 시달리고 있다. 다른 분야는 모두 현대화되고 발전했는

데, 학교만은 예나 지금이나 마찬가지이다.

학부모는 학교에 가면 언제나 손님에 지나지 않는다. 학부모가 학교의 주인이라고 말은 하지만 그것은 말뿐이고, 교장이 그리고 교사가 주인이다. 사립학교는 설립자가 주인이다. 그러나 1995년 5월에 발표된 교육개혁 안에 들어 있는 '학교운영위원회'의 정신은 학부모와 주민이 학교의 주인이라는 것이다. 학부모는 이제 손님이 아니고 주인의 한 부분이라는 사실을 강조하고 있다.

학부모들이 '내 자식 성적만 올리면 된다'는 개인주의적 사고에서 벗어나 '우리 모두의 아이들을 잘 가르쳐야 한다'는 공동체적 교육 의식을 키워야 할 때가 되었다. 사실 학교는 개인적 교육장이 아니라 지역 주민들의 공동의 교육장이다. 그리고 학교는 납세자인 국민의 세금과 학부모들의 교육비 부담으로 운영되는 공공시설이다. 그러므로 학부모와 주민이 학교의 주인의 일부라는 사실은 당연하다.

그럼에도 불구하고 이제까지 학부모들은 학교의 주인이 아니라 손님으로 취급되었고, 학부모 스스로도 그렇게 생각해 왔다. 그러나 시대가 이미 바뀌었다. 학부모들은 이제 더 이상 손님이 아니고 주인이 되는 시대가 되었다. 선진국들은 이미 70년대부터 학부모가 학교운영의 주체로 참여하는 권리를 법으로 규정하였다.

그동안 교육은 전문적인 문제이므로 교육에 대한 학부모의 참여는 있을 수 없는 것이라고 잘못 인식되어 왔다. 교육은 전문가와 교육자 그리고 정부의 손에 의하여 운영되는 것이고, 학부모가 할 일은 육성회비나 내고 숙제와 과제물 챙겨 주며 아이가 공부하는지 안 하는지 감독하는 것이 전부라고 생각했다. 그러나 바로 이러한 소극적 학부모 의식 때문에 교육 제도와 교육 정책 결정 과정에서 학생과 학부모의 입장이 소외된 것이다. 학부모들이 스스로 자신의 권리를 주장하지 않는데 다른 사람들이 나서서 존중해 줄 턱이 없다. 그래서 우리나라의 교육은 정부의 행정 편의주의와 학교 경영자의 뜻에 좌우될 수밖에 없었으며, 그 결과로 교육이 올바로 발전하지 못하고 문제투성이가 된 것이다.

그러므로 이제는 학부모와 교육에 관심 있는 일반 시민들이 나서야 한다. 나서서 내 아이들이 대부분의 시간을 그곳에서 살면서 교육받는 학교를 학교답게 만들고, 교육 제도를 개혁하는 과정에 능동적으로 참여하여 제도를 바로잡아야 한다. 학부모와 시민들이 수동적이고 무관심한 자세로부터 적극적이고 참여적인 자세로 전환하여야 한다.

교육에 대한 우리나라 학부모와 주민의 참여는 1980년대 말에 이르기까지 불모지대였다. 제도적으로 허용하지 않았을 뿐만 아니라 학부모와 주민 스스로도 참여의식을 갖지 못하였다. 식민지 교육 제도가 만든 결과이지만 더 큰 이유는 해방 후에 식민지 시대의 비민주적이고 비교육적인 교육 제도와 문화를 청산하지 못한 데에 있다.

교육 정책 수립과 학교 운영에 학부모들이 참여하는 길은 막혀 있었지만, 학교의 빈곤한 재정을 보충하는 책임은 학부모들에게 강요

되었다. 해방 이후 각급 학교의 학부모 조직은 한결같이 학교 재정 지원을 위한 비자발적 조직이었다. 모든 학부모는 선택의 여지없이 학부모 조직의 회원이 되어 회비를 꼬박꼬박 납부하지 않으면 안 되었다.

초등학교의 경우를 들어 보면, 학부모 조직의 명칭이 여러 차례 바뀌어 왔다. 해방 후 각 학교에 학부모들에 의한 각종 '후원회' 가 조직되었다. '후원회' 는 말할 나위도 없이 학교 재정을 후원하는 조직으로, 모든 학생의 학부모가 회원으로 의무적으로 가입하여 '후원회비' 라는 이름의 교육비를 내지 않으면 안 되었다. 학부모들은 매달 후원회비를 내는 것 외에는 아무런 역할이 없었으므로 소수의 임원을 제외하고는 회원이라는 의식조차 없었고, '후원회비' 란 '교육비' 또는 '수업료' 의 다른 이름에 지나지 않는 것으로 누구나 생각하였다.

한국전쟁이 휴전하는 1953년에 학부모 조직은 '사친회' 로 그 명칭을 바꾸어 1962년까지 지속된다. 의도는 명칭을 바꾸는 데에만 두었던 것이 아니고, 미국의 사친회, 즉 부모와 교사의 협의회(PTA)를 모방하여 학부모와 교사 간의 긴밀한 관계를 형성함으로써 가정과 학교 간의 협력 체제를 구축하려는 뜻도 있었다. 그러나 '사친회비' 라는 명목으로 교육비를 징수하는 것이 사친회의 일차적 기능이었으므로, 학교와 가정 간의 교육적 협력체제 구축이라는 그럴 듯한 명분을 실현하지 못하였다.

오히려 일부 사친회 임원들의 '치맛바람' 을 불러 일으키는 계기를 만들어 주었다. 당시의 일부 비뚤어진 사친회 임원들의 치맛바람과 일부 교사들의 비리 때문에 그 이후로 학부모의 학교 방문이 억제되고 교사의 가정 방문이 금지되는 등, 학교와 가정의 관계가 그 어느 때보다도 멀어지는 결과를 가져왔다.

1963년에 사친회를 '기성회'로 바꾼 것은 치맛바람을 잠재우고 사친회로 비롯된 여러 가지 비리를 모두 척결하자는 데에 뜻이 있었다. 그러나 물론 기성회의 일차적 기능은 여전히 자발적 회비 납부를 형식으로 삼아 학부모로부터 교육비를 징수하는 것이었다. 1970년에는 '육성회'로 또 바뀐다. 그러나 자발적 회비 납부의 모양을 갖춘 교육비 징수라는 기본적 기능에는 변화가 없었다. 이런 상태가 1993년까지 계속된다. 초등학교에는 1994년에 이르러 육성회가 모두 폐지되고 육성회비도 없어졌다. 그러나 중·고등학교에는 여전히 '육성회'라는 명칭의 조직이 존재하고 학부모들은 육성회비라는 이름의 교육비를 납부하고 있다. 대학에서는 '기성회'라는 명칭이 사용되고 있다.

이처럼 우리나라의 학부모 조직은 교육비를 부담시키기 위한 의도로 정부가 만든 이름만의 학부모 조직이었지 학부모들이 스스로 결성하고 운영하는 진정한 의미의 학부모 조직은 아니었다. 정부의 목적을 위하여 만든 관제 학부모 조직이었다. 교육비 부담을 위하여 '회비'를 꼬박꼬박 내는 것이 회원 역할의 전부인 학교 재정 지원 조직이었다.

1980년대 말까지는 진정한 의미의 학부모 조직은 아직 이 땅에 출현하지 않았다.

조사 결과에 의하면 우리나라 학부모들의 교육 참여의식은 아직도 낮을 뿐만 아니라 교육에 관한 지식도 부족하다. 이렇게 된 것은 식민지 시대 이후로 학교가 마치 관공서처럼 주민과 학부모 위에 군림해 왔기 때문이다. 자녀를 학교에 보내기만 하면 모든 것은 학교가 알아서 가르쳐 주는 것이고 부모는 교육비만 부담하는 것으로 역할을 인식해 왔다. 학교는 학부모나 주민이 참견할 곳이 아닌 것으로 생각되었고, 실제로 관련 제도와 관행이 학부모와 주민의 적극적 학교 참여를 막아 왔다.

이것이 학부모의 참여의식이 낮은 큰 이유이기는 하지만, 주목할 것은 소득이 낮고 교육 수준이 낮은 부모보다도 소득이 높고 교육 수준이 높은 부모의 참여의식이 더 떨어진다는 사실이다. 상식적으로는 저소득층보다 중산층 이상이 참여의식이 높을 것으로 생각되지만, 실지는 그 반대이다. 중상류층의 교육의식이 이기주의적인 동기에 기초하고 있음을 짐작하게 하는 대목이다.

교육에 대한 참여의식이 낮기 때문에 교육에 관한 지식수준 또한 낮다. 그런데 교육에 관하여 모르기 때문에 참여하지 못한다. 악순환이다. 더욱이 교육에 관하여 무지하면 이용 당하기 쉽다. 옛날부터 무지한 백성들은 언제나 지배자에게 이용만 당해 왔다. 무지한 자는 이용당할 수밖에 없다. 그렇기 때문에 지배자는 언제나 자신이 지배하는 민중을 무지하게 놔두기 위하여 학습할 기회를 억제한다.

올바른 지식을 가르치지 않는 것은 물론이고 민중이 스스로 배우고자 하는 것도 억압한다. 이러한 현상은 국내외의 역사에서 얼마든지 발견할 수 있다. 지배자들의 우민화 정책에 대항하여 백성들이 배움의 권리와 배움의 기회를 확대해 온 것이 근대 이후의 역사이다. 그러므로 학부모들이 교육운동에 참여하여 주권자로서의 권리를 행사할 수 있으려면 교육에 관하여 배워야 한다. 교육에 관한 기본적 지식이 필수적이다.

부모가 교육에 관하여 배워야 하는 다른 또 하나의 이유는 부모들 자신이 가장 중요한 교육자이기 때문이다. 가정교육, 학교교육, 사회교육 가운데 인격 형성과 심성 발달에 가장 중요하고 결정적인 영향을 미치는 것이 가정교육인 것은 두말할 필요가 없다. 부모와 밀착하여 시간의 대부분을 보내는 유아기에 인간은 가장 기본적인 학습을 하게 된다. 사회학자들이 유아기의 가정에서의 사회화 과정을 가장 중시하는 이유가 이 때문이다. 부모가 유아기, 아동기 및 청소년기에 가장 큰 영향을 미치는 존재이기 때문에, 부모는 누구나 자녀의 일생에 있어서 가장 중요한 교사이다.

그러므로 부모는 당연히 자녀를 바르고 현명하게 교육할 수 있는 지식을 갖추지 않으면 안 된다. 학교가 아무리 노력해도 가정에서 부모가 가르쳐야 하는 것을 대신할 수는 없다. 가정에서 가르칠 것과 학교에서 가르칠 것은 구분되어 있기 때문이다. 부모는 누구나 자녀를 위해 스스로 최선을 다해 공부하여야 유능한 부모역할을 할 수 있다.

이제, 새내기 학부모가 학부모역할을 성공적으로 수행하기 위한 계명 세 가지를 다음과 같이 정리한다.

첫째, 주인의식을 가지고 적극적으로 학교 일에 참여하자. 학교에 무관심하거나 냉소적인 학부모가 되지 말고 적극적으로 참여하여, 협력할 것은 협력하고 따질 것은 따져야 한다. 오늘의 교육은 옛날의 사교육이 아니라 공교육이라는 사실을 잊지 말자.

둘째, 학부모들의 모임을 만들어 세력화하자. 민주주의 사회는 각 이익집단이 세력화하여 자신들의 의견을 제도 개혁과 정책 수립에 반영한다. 옛날의 군주시대처럼 높은 사람이 알아서 해 주는 시대가 아니다. 우리 교육을 개혁, 발전시키려면 학교별로 지역별로 학부모와 주민들이 조직을 만들어야 한다.

셋째, 교육에 관해서 공부하자. 교육은 국가 차원에서 보면 매우 거대하고 복잡한 기구이다. 그러므로 교육 문제는 생각처럼 단순하지 않다. 사람들은 교육에 관하여 누구나 일가견을 갖고 있지만, 그것이 모두 옳은 것은 아니다. 그리고 알아야 면장을 한다는 말처럼 교육과 학교 문제에 관한 기초적 지식이라도 가지고 있어야 참여도 하고 주인 노릇도 할 수 있다.

훌륭한 학부모가 되어 우리 아이들에게 좋은 교육 여건을 만들어 주려면, 먼저 무엇이 좋은 교육인지부터 알아야 할 것 아니겠는가.
(부모가 함께하는 학교교육 96-03)

모르면 주인노릇 못한다

사람이 살아가는 길은 크게 보면 두 가지이다. 하나는 주인노릇하며 사는 길이고, 다른 하나는 종노릇하며 사는 길이다. 누군들 종노릇하며 살아가기를 좋아할 사람이 있을까마는, 아는 것이 없으면 별 수 없이 남의 종노릇 밖에는 못한다. 아는 것이 없는 무식한 사람은 자기를 지킬 힘이 없기 때문이다.

종노릇은 옛날에만 있었던 것이 아니다. 오늘날에도 평생을 종노릇하며 살아가는 사람들이 있다. 옛날과 같은 노예나 종살이는 아니기 때문에 겉으로 보기에는 멀쩡하지만, 주인노릇을 하지 못하며 살아가는 사람들이 적지 않다. 자기주장이 없이 항상 남의 눈치나 보면서 시키는 대로 따라 하는 사람은 종노릇이나 다르지 않다. 자기 생각, 자기 주장이 없는 사람은 남의 생각, 남의 주장에 종처럼 따라 갈 수밖에 없다.

자신의 생각과 주장을 갖추려면 알아야 한다. 모르고는 내 주장을 내세울 수 없다. 어떤 일에 대하여 내 주장이 있다 해도 그 일에 대하여 많은 지식을 가지고 있는 사람 앞에서는 어쩔 수가 없다. 그래서 옛날부터 '아는 것이 힘'이라고 하지 않았는가. 그야말로 지식은 곧 힘이다.

그런데 오늘날 21세기는 한 걸음 더 나아가 우리가 사는 세상을 '지식사회'라 부른다. 지식이 사회를 움직이는 힘의 근원이라는 뜻이다. 오늘날은 지식이 과거보다도 훨씬 더 중요한 무기가 된 것이다. 이제는 지식이 없으면 아무것도 할 수 없는 세상이 되었다.

지식이 없으면 약하고, 지식이 많으면 강한 것은 개인이나 나라나 마찬가지이다. 국민들이 무식하면 나라가 약해져서 다른 나라의 지배를 받을 수밖에 없다. 다른 나라 지배를 받지 않으려면 국민 전체가 많은 지식을 갖추고 있어야 한다. 그래서 교육제도가 중요한 것이다. 교육제도가 잘 운영되어야 국민들이 똑똑해지고, 그래야 나라가 부강해진다. 개인도 물론 마찬가지이다. 많은 것을 배워서 똑똑해져야 남의 발밑에 들어가지 않고 당당하게 살아갈 수 있다.

국민이 주인노릇 하는 사회는 민주사회이고, 국민이 종노릇 하는 사회는 독재사회이다. 국민들이 무식하면 주인노릇 할 수 없고 따라서 민주주의를 못한다. 국민이 종노릇이 아니라 주인노릇 하는 민주사회를 만들기 위해서는 모든 국민이 열심히 공부해서 똑똑해져야 한다.

그런데 우리가 지식을 배우기 위해서 제일 먼저 필요한 것은 글자를 읽고 쓰는 능력이다. 문해교육이 가장 중요한 출발이다. 물론 글자를 모른다고 해서 완전히 무식한 것은 아니지만 글을 모르면 지식을 배우는 데에 엄청난 어려움이 따른다. 마치 글자 아는 사람이 새마을호 타고 달리는 것이라면, 글자 모르는 사람은 기어가는 것이나 다름없다. 글을 읽고 쓰는 능력이야말로 인생을 살아가는 데 있어서 가장 귀중한 필수품 가운데 필수품이다.

그러므로 문해교육이야말로 국가가 반드시 챙겨야 할 가장 기본적이고도 중요한 과제이다. 국민 가운데 어느 한 사람도 글을 못 읽거나 못 쓰는 사람이 없도록 국가는 문해교육 기회를 늘리고 지원하여야 한다. 문해교육을 하는 단체와 지도자들을 지원하고 동시에 존중하여야 한다.

그런데 안타깝게도 우리나라 국가정책은 문해교육에 대한 관심이 너무 낮다. 그렇다고 국가정책만 탓하고 앉아 있을 수 없어서 문해교육지도자들이 나서 전국적 조직을 결성하여 손을 잡고 함께 뛰고 있는 것이다. 전국 조직에 참여하여 활동하는 문해교육전문가, 중간지도자, 후원회원들이야말로 한국을 모든 사람을 위한 학습사회와 동시에 모든 국민이 주인노릇 하는 민주사회로 건설하는 데 가장 확실하게 공헌하는 애국자들이다. 전문협이 온 세상 모든 사람이 주인노릇하며 사는 민주사회가 실현되는 날까지 멈추지 않고 힘차게 달려 나갈 것을 확신한다. (전국문해협 03-02)

시민의 교육개혁참여가 시급하다

각 분야에서 시민운동이 새로운 전기를 맞고 있다(1993년). 매우 활발해지고 전문화하는 경향이 뚜렷하다. 최근에 사회전반의 도덕적 정화운동을 위하여 여러 단체가 모여 결성한 윤리운동연대 같은 것도 있지만 환경, 소비자, 경제 등 전문분야별 사회운동이 성장하고 있다.

교육분야에서도 개혁에 시민들이 나서 적극적으로 참여해야 한다는 소리가 커지고 있다. 그동안 소규모의 학부모단체들이 힘겹게 교육개선운동을 펴왔지만 역부족이었다. 최근에 서울YMCA가 주축이 되어 교육관련 단체들이 모여 '촌지 없는 학교와 바른 교육을 위한 시민운동'에 나섰다. 지난 15일에는 크리스천 아카데미가 '교육개혁과 시민참여'라는 주제를 내걸고 다양한 교육집단의 인사들을 초청하여 토론회를 열었다. 그 자리에 참석한 사람들은 한결같이 교육개혁을 실현시키기 위한 시민운동의 필요성을 역설하였다.

교육개혁에 있어서 정부는 일정한 역할을 가지고 있지만 그와 동시에 한계가 있다. 더욱이 지난 몇 달간 연속적으로 터져 나온 교육 관련 비리에서 드러나듯이, 교육부는 때때로 공범 또는 방조자의 역할까지도 해 온 듯한 인상이다. 그렇지 않아도 민주사회에서 시민의 참여와 감시가 없이 정부가 자의적으로 정책을 수립하고 집행하는 일은 있을 수 없다. 교육개혁에 관한 한 현재의 우리 실정은 시민들이 앞장서서 정부를 이끌고 나가야 할 형편이다.

학교와 대학도 문제가 많아서 교육개혁을 그들의 손에만 맡겨놓을 수 없다. 최근에 여론조사기관인 코리아리서치가 발표한 전국조사결과에 의하면 경찰, 의사, 공무원, 등등 사회집단 가운데 교사집단에게 금품을 제공한 사람이 가장 많으며, 30대 여성의 61퍼센트가 교사에게 금품제공경험을 가지고 있다. 그리고 가장 우선적으로 개혁되어야 할 대상 가운데 교사와 교육기관을 민원행정기관과 정치인에 이어 세 번째로 지적하였다.

비정상적 이득을 위하여 금품을 주고받는 행위는 양쪽 모두 나쁘다. 주는 학부모와 받는 교사 모두 비윤리적이며, 금품 때문에 학생 성적을 높여 준다면 그것은 범죄행위이다. 비윤리와 범죄행위가 횡행하는 학교에서 교육이 정상적으로 이루어지기를 바란다면 환상이 아니겠는가.

계속 터져 나오고 있는 일련의 입학부정사건을 통하여 극명하게 드러난 사실은 스스로 엄격하여야 할 대학사회의 도덕성이 형편없이 무너졌다는 것이다. 돈을 받고 합격자를 밀어내고 불합격자를 입학시키고, 교직원의 자녀들에게 점수를 올려주어 합격시키는 것을 비롯하여 온갖 수법으로 입학부정이 자행되어 왔다. 교육계에는 '채택료' 라는 것도 있다. 교과서나 참고서를 교재로 채택하거나 학생들에게 권장한 대가로 교사나 교수가 돈을 받는 것이다. 채택료를 더 많이 주는 출판사의 책을 선택하는 경우가 적지 않으니, 학교가 장사판처럼 되었다.

교육계의 이러한 부도덕과 비리도 문제지만 이러한 상황이 방치되고 용인되는 교육계의 도덕적 자정(自淨)능력 상실이야말로 한국 교육의 위기이다. 교육계 내에서도 요즘에 이르러 도덕적 권위의 회복을 위한 운동이 일어나고 있는 것은 늦기는 했어도 다행스러운 일이다.

오늘날의 학교제도는 공교육이다. 즉, 교육을 사적 활동으로 놔두지 않고 국가와 지방자치단체가 설치, 운영 또는 관리하도록 만든 제도이다. 그러므로 사립학교라 할지라도 국가의 감독을 받는 것은 공교육제도하에서는 불가피하다. 학교설립의 인가와 감독, 교사자격의 인정, 교육과정 등을 국가나 지방자치단체가 관리하는 것은 공교육의 대표적 특성이다.

국가와 지방자치단체가 수행하는 공공정책에 대하여 시민이 참여하고 감독하는 것은 지극히 당연하고도 필수적이다. 그러므로 시민들은 공공의 교육정책에 관하여 발언하고, 자신들의 주장을 관철시키기 위하여 정당한 절차와 방식에 따라 영향력을 행사하여야 한다. 그러기 위해서는 조직이 필요하다. 교육문제에 관하여 토론하고 주장하고 정부에 영향력을 행사하는 시민들의 단체를 조직하여야 한다. 여기에는 학부모와 일반시민 그리고 교육전문가와 아울러 교육문제에 관심을 갖고 있는 여러 단체도 참여하여야 한다.

지금 정부가 추진하겠다고 하는 교육개혁의 구상에 늦지 않게 반영되려면, 시민의 교육운동조직을 서둘러야 할 것이다. (서울신문 93-05)

지식기반사회의 조직

패스트푸드의 대명사인 맥도날드 햄버거가 세계를 제패하고 있는 데에는 그럴 만한 힘이 뒷받침해 주고 있기 때문이다. 그 힘의 중심에 '맥도날드 대학' 이 자리 잡고 있다.

맥도날드 대학은 각 점포의 매니저를 양성하는 일종의 사내대학이다. 아무리 학력이 높아도 여기를 졸업한 사람이 아니면 매니저로 임명하지 않는다. 그런데 이 대학의 입학자격은 단순하다. 맥도날드 햄버거 점포에서 5년 이상 근무한 경력이 전부이다. 학력은 묻지 않는다. 그가 대학을 나왔느냐 안 나왔느냐, 고등학교를 나왔느냐 안 나왔느냐를 따지지 않는다. 학력은 문제되지 않는다. 맥도날드에서 얼마나 근무했으며, 앞으로 여기에서 매니저를 일할 의지를 가지고 있느냐가 입학자격 기준이다. 일단 맥도날드 대학에 입학하면 맥도날드의 매니저가 갖추어야 할 전문지식과 정신을 배운다.

무엇보다 중요한 것은 철저한 맥도날드맨이 되는 것이다. 맥도날드 대학의 성공이 바로 맥도날드 기업의 성공으로 연결되었음은 두말할 필요가 없다.

맥도날드 햄버거뿐만 아니라, 세계적으로 성공하는 기업은 예외없이 특성 있는 자체의 교육체제를 개발하여 운영하고 있다. 그래서 이제는 기업체를 '학습조직'이라고 부르는 것이 보편화되었다. 오늘날의 기업은 생산과 판매조직이기 이전에 학습조직이라는 뜻이다. 요즘 흔히 말하는 지식기반사회에서의 기업의 특성이다.

기업뿐만이 아니다. 이제는 정부 각 부처, 군대, 사회단체 등 모든 조직이 학습조직으로 다시 태어난다. 학습조직으로 탈바꿈하지 못하는 조직은 지식기반사회에서 성공은커녕 살아남기도 어렵다. 각 조직체의 구성원 모두가 부단히 학습하여 새로운 지식과 기술의 습득에 뒤떨어져서는 안 된다. 학교에서 배운 지식으로 날로 변하는 새로운 지식과 기술에 대응할 수는 없기 때문이다. 학력 높고 학벌 좋은 사람을 채용하여 평생 활용하는 시대가 아니다. 학력과 학벌이 무엇이든 간에, 조직에 일단 들어와서 그 속에서 근무하면서 부단히 새로운 지식과 기술을 학습할 수 있는 장치를 만들어 놓지 않으면 안 된다.

기업이 학습조직으로 탈바꿈한다고 해서, 기업 내에 전통적 학교나 대학과 같은 교육체제를 설치하는 것으로 생각하면 오산이다. 오늘날 필요한 학습조직은 학교처럼 강제로 가르치는 조직이 아니라, 각자가 능동적인 학습자가 되어 자율적으로 학습하도록 조장하는 학습조직이다. 이러한 학습조직은 주먹구구식으로는 만들 수 없다. 전문가들의 조언이 필요하다.

우리가 이 시대를 '평생학습시대' 라 부르는 이유가 여기에 있다. 개인이나 기업이나 정부가 새로운 학습을 게을리 하면 경쟁에서 살아남을 수 없는 시대에 이미 들어섰다. 그러므로 기업을 비롯한 사회조직들이 다른 일로 아무리 바빠도 평생학습전문가들의 조언을 청하여 듣는 것이 긴요하다. (산학협동 99-04)

무엇이 장애인들을 격분시키는가

지난 11월 6일 오후 2시 서울 탑골공원에서 열린 '장애인 의무교육확보를 위한 범국민결의대회' 에는 장애인만이 아니고 여러 시민단체의 회원들이 참여하였다(1993년). 이들은 정부의 장애인교육정책에 대하여 분통을 터트리면서 성토의 목소리를 높였다. 장애인복지를 위한 공동대책위원회, 경제정의실천시민연합, 민주사회를 위한 변호사 모임 등 28개 단체가 연대하여 결성한 '장애인교육권 확보를 위한 범국민대책회의' 가 주도한 이날의 대회에서 참가자들은 장애인들의 교육을 무책임하게 방치해 왔다고 지목한 교육관련법의 개정을 한목소리로 요구하였다.

교육법 제8조는 "모든 국민은 6년의 초등교육과 3년의 중등교육을 받을 권리가 있다."고 규정하고, 이어서 모든 국민은 보호하는 자녀에게 교육을 받게 할 의무가 있음을 선언하고 있다. 그리고 국가는 의무교육을 위한 시설확보를 위하여 모든 조치를 강구해야 하며, 지방자치단체는 초등학교와 중학교를 설치 경영하여야 한다고 명문으로 규정하였다. 교육법의 이러한 규정은, 국민은 누구나 능력에 따라 균등하게 교육받을 권리를 가지고 있다는 헌법정신을 구체화한 것이다. 다만 중학교 의무교육은 경제적 부담 때문에 제도의 실시가 일부 유예되어 있다.

의무교육이란 취학적령 아동의 보호자들이 자녀를 학교에 의무적으로 취학시켜야 하는 제도를 의미한다. 이를 위하여 국가와 지방자치단체는 학교를 설치하고 경영할 책임이 있는 것이다. 만약 자녀가 취학적령이 되었음에도 불구하고 의무를 이행하지 않는 보호자가 있으면, 정부가 보호자에게 자녀의 취학을 독려할 권한과 함께 책임을 지고 있는 것이 우리의 교육제도이다. 그러므로 제도가 정상적으로 운영되면 초등학교의 적령아동은 누구나 학교에 취학하게 되어 있다.

그런데 교육법은 장애자에 대해서는 취학의무를 면제해 주고 있다. 제98조의 규정은 이렇다. "학령아동이 불구, 폐질, 병약, 발육불완전 또는 기타 부득이한 사유로 인하여 취학하기 불능한 경우에는 대통령이 정하는 바에 의하여 그 의무를 면제 또는 유예할 수 있다." 이 조항의 설치목적은 헌법과 교육법의 기본정신과 이 조항의 문면으로 미루어 볼 때, 취학의무를 모든 국민에게 예외 없이 적용하면, 취학이 불가능한 장애자의 보호자에게까지 무리하게 의무를 부과하는 불합리한 결과를 낳게 되므로 이렇게 부득이한 경우에는

의무를 면제 또는 일시 유예하자는 데에 있을 것이다. 그런데 선의의 규정이라고 볼 수도 있는 이 조항을 삭제하여야 한다는 것이 장애인교육권을 주장하는 단체들의 요구이다. 그 이유는 무엇일까?

이들의 주장은 정부가 이 조항을 빌미로 하여 장애인들에 대한 적절한 교육기회의 마련을 기피하고 있다는 것이다. 실제로 장애인 자녀를 가진 부모들은 학교에 취학시키고자 하나 일반학교는 시설과 수업방법이 장애인 학생에게 적합하지 않기 때문에 장애어린이들이 다니기가 어렵고, 장애인들을 위한 특수학교는 수용능력이 적고 입학에 제한을 가하고 있어서, 결과적으로 취학을 원하는 많은 수가 취학이 불가능하여 가정에서 보호하고 있는 형편이다. 학교 입장에서는 장애아들을 위한 시설 및 교육운영상의 여건을 갖추지 못했으므로 그들을 제대로 교육할 수 없다는 어려움이 있다.

결론은 장애인들을 위한 특수학교를 증설하고, 특수교육이 통합주의로 나가는 경향을 고려하여 일반학교에도 이들을 위한 시설과 교사를 배치하여야 한다. 장애인들도 당연히 교육 받을 권리가 있는 것이며, 그들을 위한 교육에 비용이 들기 때문에 그 권리를 제한할 수 있다는 논리는 정당화될 수 없다. 국민의 교육 받을 권리의 행사는 누구도 제한할 수 없으며, 국가는 그 권리의 실현을 보장할 책임을 지고 있는 것이 우리 헌법의 정신임을 정부는 깨달아야 한다. (통일한국 93-11)

수요자중심교육 시대로 들어선다

교육을 개혁해야 한다는 소리는 높지만, 무엇을 어떻게 개혁할 것인가라는 구체적 문제에 대하여는 중구난방이다. 교육부가 걸핏하면 이것저것 뜯어고치겠다고 발표하고, 대학들도 저마다 개혁안을 만들어 내기에 바쁘다. 정작 대통령직속 자문기구로 종합적 교육개혁안을 만들기로 되어 있는 교육개혁위원회는 무언가 중요한 개혁안을 만들었다는 소문이지만(1995년), 어쩐 일인지 발표를 늦추고 있어서 국민과 교육계의 궁금증만 더하게 만들고 있다. 이래저래 교육이 도대체 어디로 가는 것인지 가늠할 수 없어서 국민들만 답답하다.

교육만 문제가 아니다. 시대가 너무 빠르게 변하여 정신을 차리기 어렵다고들 한다. 세계화, 정보화, 탈현대화, 세기말 등등, 여러 개념을 동원하여 시대변화의 성격을 설명하고 있지만 그 뜻을 명확하게 포착하기 어렵기는 마찬가지이다. 그러나 한 시대를 마감하고 새 시대로 진입하는 대전환의 시기에 우리가 서 있는 것만은 분명히 말할 수 있다. 시대적 대전환의 한복판에 우리가 서 있는 것이다.

시대적 대전환의 물결에 교육이 무관할 수는 없다. 무관하기는커녕 오히려 교육이 시대적 전환의 핵심부에 자리잡고 있다. 태풍의 눈이라고 할 만하다. 앨빈 토플러가 저서 『권력이동』에서, 지나간 시대에는 권력이 폭력과 자본에서 나왔지만, 이미 시작된 새 시대에는 지식과 정보로부터 권력이 창출된다고 설명한 것은 교육이 새 시대의 핵심에 위치하게 된다는 점을 극명하게 지적한 것이다. 다른 미래학자나 문명사가들도 새 시대에는 지식과 정보 그리고 사람을 다루는 교육이 관건임을 누누이 강조한다. 표현은 각기 다르지만, 평생학습시대의 도래를 말하고 있는 것이다.

교육개혁의 요구는 이러한 시대적 맥락의 산물이다. 교육자들이 교육을 개혁해야 한다고 주장해서 개혁이 이루어지는 것이 아니고, 대통령이 교육개혁위원회를 설치했기 때문에 개혁을 논의하는 것이 아니다. 그것들도 개혁을 논의하고 실현하는 데 일정한 추진력이 되는 것은 사실이지만, 교육개혁을 피할 수 없도록 만드는 것은 시대의 전환이 교육의 변화를 요구하기 때문이다. 시대가 바뀌면 교육이 바뀌지 않을 수 없는 것이다. 그리고 때로는 교육이 시대에 앞서 스스로 변화함으로써 시대적 변화를 이끌어 가야 한다.

교육개혁의 방향은 당연히 시대의 방향과 일치하여야 한다. 그러므로 교육개혁을 위한 논의는 시대변화를 정확히 읽어 내는 일에서

부터 시작하지 않으면 안 된다.

시대변화의 방향을 한 가지만 말해 보자. 여러 가지 증거에 비추어볼 때, 사회운영의 원리가 공급자중심으로부터 수요자중심으로 전환하고 있다. 경제의 운영원리가 이 방향으로 바뀌고 있으며, 국가경영과 행정도 이 방향으로 전환하고 있다. 출판과 예술 공연도 마찬가지이다. 교육이라고 예외일 수는 없다. 교육도 당연히 공급자중심으로부터 수요자중심으로 바뀌고 있다.

이제까지 교육의 주공급자는 국가였으며, 국가가 모든 학교를 직접 설치할 수 없는 경우에 국가의 감독하에 사립학교를 설치하여 국민들에게 교육을 제공하였다. 공립이나 사립이나 똑같이 국가가 선택한 교육내용을 역시 국가가 정한 방식으로 가르쳤다. 교육의 대상도 국가 또는 학교가 선정하였다. 즉, 국가 또는 학교가 공급자로서 모든 것을 결정하고, 학습자는 그것에 따를 뿐이었다. 교육은 일종의 배급제였다.

그러나 이제는 수요자들이 나서서 교육기회, 교육내용, 교육방식을 선택하고, 결정과정에 관여하기 시작한다. 교육수요자는 크게 나누면 세 집단이다. 학부모, 학습자, 기업이다. 학부모는 미성년자인 초·중등학생의 보호자로서의 수요집단이며, 대학과 성인사회교육에 있어서는 학습자가 직접적인 수요자이고, 기업과 여타 고용자들은 학교졸업생을 고용하여 활용하는 입장에서의 수요자이다.

유럽과 북미의 여러 나라에서는 70년대부터 학부모의 학교선택권을 법률로 인정하기 시작하였으며, 학교운영에 학부모와 주민들이 참여하여 의견과 요구사항을 반영시킬 수 있는 제도적 장치를 만들었다. 학교의 교육실태와 운영상황에 관한 자세한 보고서를 학부모와 주민들에게 정기적으로 제출하는 경우도 있다. 교육의 수요자로서 그리고 납세자로서 학교운영에 관한 알 권리를 제도적으로 인정한 것이다.

한편, 기업과 고용자들은 학교졸업자들을 자신들이 채용하게 되어 있으므로 교육내용에 관하여 미리 주문한다. 더욱이 나라마다 대학의 교육비를 직접 간접으로 기업이 점점 더 많이 부담하도록 제도를 만드는 경향이 있기 때문에, 교육비부담에 비례하여 산업계의 대학관여가 증대하고 있다. 기업이 원하는 교육을 제대로 해주지 못하는 학교와 대학에는 교육비 부담을 거절하는 방식으로 교육내용에 영향을 미친다.

교육이 이처럼 공급자중심으로부터 수요자중심으로 전환하는 것은 긍정적인 효과와 동시에 부정적인 효과도 가져온다. 많은 문제가 발생하기도 한다. 그럼에도 수요자중심으로의 전환은 선택의 문제가 아니라 시대적 추세라는 점이다. 싫다고 외면할 수 있는 것이 아니고, 불가피하게 받아들일 수밖에 없는 시대적 특성이다. 모든 교육관련 집단이 현명하게 대응할 준비를 해야 한다. (교육개발 95-03)

인적자원 시대의 인정(人政)

어느 시대에나 사람이 중요한 것은 두말할 필요가 없지만, 사람이 모두 같은 것은 아니다. 사람마다 재능과 특성이 달라서, 현명한 선택이 필요하다. 그런데 필요한 사람의 유형은 기업의 특성이나 담당업무의 종류에 따라 다를 뿐만 아니라, 사회적, 시대적 특성에 따라서도 다르다. 시대가 다르면 필요한 사람의 유형이 달라진다.

농경시대에는 충직한 농군이 많을수록 좋았지만, 공업시대에는 양질의 인력이 많이 필요했다. 이제 정보기술시대에는 지식으로 무장한 인재가 필요한데, 그것도 소수가 아니라 다수가 필요하다.

그런데 지식 인재는 학교교육으로 완성되지 않고, 전 생애에 걸친 계속학습을 통해서만 그 능력이 유지된다. 즉, 정보기술 시대의 지식 인재는 완료형이 아니라 진행형 인재이다. 새로운 인재는 한 차

례 교육으로 양성이 끝나지 않고 평생학습을 가능하게 만들어 주어야 한다. 즉, 21세기의 교육은 과거의 농경시대와 다르고 공업시대와도 전혀 다른 새로운 패러다임을 요구하고 있는 것이다.

인적자원에 관한 담론이 아무리 많아도, 농경시대나 공업시대의 패러다임에서 벗어나지 못하면 오히려 혼란만 더 가중시킨다. 그러므로 인적자원에 관한 정책은 생애초기의 학교중심 양성에 그쳐서는 안 되고 지속적 관리로 비중을 옮겨야 한다. 인적자원 관련 정책의 근본적 전환이 요청된다.

조선 후기의 뛰어난 실학자 혜강(惠岡) 최한기(崔漢綺)는 많은 저술 가운데 『인정』(人政)도 남겼다. 『인정』은 요즘 말로 하면 인적자원정책쯤 된다. 이 책은 25권으로 구성된, 당시로서는 방대한 저술로 최한기 선생의 사상과 이론이 무르익은 후기의 저작이다. 그는 국가나 가정의 다스림에서 가장 중요한 요소가 사람이므로 사람을 어떻게 관리하느냐가 국가와 가정 경영의 핵심이라고 강조했다.

『인정』은 측인(測人), 교인(敎人), 선인(選人), 용인(用人) 네 부문으로 구성되어 있다. 사람의 자질과 품성을 알아내는 것이 측인이고, 각자에게 필요한 내용을 수준에 맞추어 가르치는 것이 교인이고, 적재적소에 배치하기 위해서 선별하는 것이 선인이고, 능력을 최대한 발휘할 수 있도록 활용하는 것이 용인이다. 측인, 교인, 선인, 용인은 각 부문의 특성을 지니고 있지만, 각 부문이 독립된 것은 아니고 통합된 하나라고 강조한다. 네 부문 간의 상호 연계와 피드백을 잃어서는 안 된다는 뜻이다.

최한기의 이론에 비추어 보면 오늘날 한국의 인적자원 정책은 교인, 즉 양성에 지나치게 치우쳐 있다. 양성이 중요하지 않은 것은 아니지만 양성이 적절하게 이루어지기 위해서는 각자의 자질과 품성을 정확하게 파악하는 측인이 필수적이다. 그러나 오늘날 양성단계 이전의 측인은 매우 형식적이고 기계적이다. 한편 적재적소에 배치하는 제도적 임용장치가 전근대적이고, 시장원리에 따라 배치가 이루어지는 노동시장의 기능도 많은 문제를 안고 있다. 더욱이 인적자원의 활용단계인 용인 부문에서는 갈등과 불신이 가시지 않고 있다. 그동안 적지 않은 인재가 국내외에서 양성되었지만 용인 부문의 구조적 문제 때문에 많이 사장 또는 낭비되었다. 즉, 양성에 치중하는 정책 때문에 인적자원의 전반적 관리가 정상적으로 이루어지지 못하고 있는 것이다.

더욱이 위에서 말하였듯이 정보기술 시대의 인적자원은 양성보다 계속적 관리가 더 중요한 개념으로 바뀌고 있다. 특히 한번 졸업시키는 것으로 끝내는 전통적 학교체제의 양성방식으로는 새로운 개념의 인재를 계속 활성화할 수 없다. 평생학습에 토대를 둔 계속적 관리체제를 새로 수립하여야 한다. '평생관리 패러다임' 이 필요하다.

미국, 영국, 핀란드 등 선진국들은 인적자원 정책을 인재의 평생관리체제로 이미 전환하였다. 생애초기 학교중심 양성체제로부터 무게 중심을 성인인적자원의 평생학습 지원체제로 이동하였다. 기업연수원, 지역주민 학습관, 대학평생교육원, 그 밖에 다양한 교육

시설을 활용하여 국민들이 자아실현과 직업기술향상에 필요한 평생학습을 계속할 수 있도록 각종 지원 정책을 개발하여 시행하고 있다.

전통적 학교 교육, 즉 생애초기의 준비 교육은 교육 후 10년 내지 15년 후에 활용할 지식과 기술을 가르치는 것이므로 교육 효과의 발생이 매우 지연된다. 오늘날처럼 지식과 기술의 수명이 단축되는 상황에서는 학교에서 학습한 것이 졸업 후 취업도 하기 전에 무용지물이 되고 있다. 그러나 성인에 대한 교육은 직업 현장에서 즉시 활용할 수 있으므로 교육 효과의 회수가 빠르고 그만큼 무용지물이 될 위험도 낮다.

정부와 기업뿐만 아니라 사회 각 부문이 인적자원의 양성과 활용에 관심을 높이고 있는 것은 다행한 일이다. 그러나 생애초기의 양성에 치중하는 공업시대의 관점에서 벗어나 평생학습 관점으로 전환하고, 양성 중심의 정책에서 벗어나 임용선발 정책과 활용 정책을 포괄하는 통합적 인재관리 제도를 지향할 때이다. 그것이 인정(人政)의 요체이다. (홍사단 05-01)

아직도 못 이룬 세종대왕의 뜻

대학입시철이라 수험생과 가족은 물론이고 모든 국민이 입시열기에 들떠 있다. 우리 자식들이 비인간적인 입시지옥이 아니라 사람다운 학교생활을 하면서도 대학에 들어갈 수 있는 사회를 만드는 것은 다름 아닌 기성세대의 책임이다.

그런데 모든 국민이 대학입시에 정신을 쏟고 있는 것 같지만 그렇지 않은 사람들도 적지 않음을 잊어서는 안 된다. 엉뚱한 소리로 들릴지 모르지만, 대학교육은커녕 한글이라도 제대로 읽었으면 소원이 없겠다는 사람들이 우리와 같은 하늘 아래 살고 있다. 한글도 못 읽는다니 외국인들이겠지… 라고 생각하면 오해이다. 엄연한 우리의 형제자매들이 한글도 읽지 못해 가슴 아파하고 있다. 혹시 외국에서 들어온 해외동포들인가? 해외동포 가운데 문맹이 있는지도 모를 일이기는 하지만 나는 지금 13세 이상 내국인의 문맹을 이야기하고 있는 것이다.

국내에 문맹자의 존재를 믿지 않는 사람이 많지만 엄연히 존재한다. 그것도 다수가 존재한다. 그러나 사람들은 이 사실을 믿으려 하지 않는다. 정부도 문맹자의 존재를 공식적으로 부인한다.

국내에 문맹이 존재하지 않는다는 논거는 이렇다. 이미 1950년대에 거국적인 '문맹퇴치운동' 을 통하여 문맹을 거의 일소했고, 다시 1960년대 초에 또 다시 몇 개년 계획으로 문맹을 모두 퇴치했다. 그리고 그때부터 초등교육의 완전취학이 실현되었으므로 새로운 문맹자는 발생하지 않았다. 그러므로 문맹자는 존재할 수 없다는 것이다.

그러나 이 논리는 현실을 모르는 허구이다. 과거의 문맹퇴치실적은 각 지방의 실적위주보고에 근거한 것이므로 과거의 모든 정부통계가 그렇듯이 사실과는 다르다. 많은 사람들이 문맹으로 남아 있었다. 그리고 또 한 가지 '놀라운 사실' 은 학교에서도 문맹자가 끊임없이 배출된다는 것이다. 일반인들은 학교에서 문맹이 배출되는 기제를 이해할 수 없을 것이다. 그러나 전문가들에게는 하나의 상식이다.

사실을 확인해보자. 1996년 5월 서울시교육청이 발표한 자료에 의하면, 초등학생도 아닌 중학생의 0.6퍼센트인 3천1백 명이 한글을 못 읽고 일상 실용문을 제대로 못쓴다. 95년 경기도교육청이 국회에 제출한 자료는 경기도내 초중학생의 1퍼센트인 약 1만2천 명이 한글을 못 읽거나 간단한 수개념이 없음을 밝혔다. 초등학교를

졸업하고, 심지어 중학교까지 졸업하고도 많은 사람이 문맹으로 남아 있다는 움직일 수 없는 증거이다.

다시 말하면 보편취학이 이루어져도 문맹자는 끊임없이 발생한다는 것이다. 이러한 자료를 근거로 유추하면 전국에 엄청난 문맹자가 존재한다는 사실을 확인할 수 있다. 실제로 재야교육자들과 자원봉사자들이 운영하는 '문해교실'(문맹자에게 글을 가르치는 교실)이 현재 전국에 수백 개에 이른다.

문맹에 대한 대책은 두 가지이다. 첫째, 문맹자발생의 원인을 밝혀서 처음부터 누구나 글을 읽고 쓸 수 있도록 확실하게 가르치는 것이다. 이 점에서 현재의 초등교육에 구조적 문제가 있다. 둘째, 이미 발생한 문맹자를 위한 글을 배울 수 있는 교육기회마련에 국가가 최선을 다하는 것이다. 미국과 영국을 비롯한 선진국일수록 문해교육을 최우선 정책으로 추진한다.

정부가 문맹문제에 대한 자세를 바꿔야 한다. 문맹자의 존재를 부인만하지 말고, 정확한 실태를 파악하여 대책을 세워야 한다.

몇 년 전부터 한국정부는 매년 3만 불씩 유네스코에 기탁하여 외국의 문해교육지도자에게 '세종대왕상'을 수여하고 있다. 좋은 일이다. 한글을 만들어 누구나 쉽게 글을 읽고 쓰게 만든 세종의 위대함을 외국에 널리 알리는 것은 민족의 긍지를 높이는 데에도 크게 도움이 된다.

그런데 내 나라 국민의 문맹문제에는 관심도 없는 정부가 국제적으로만 문해교육상을 주며 떠벌인다면, 세상에 그런 우스갯거리가 없을 것이다. 국제적 문해교육전문가들 사이에서 그렇게 수군거리는 소리도 들린다.

세종이 어떤 분인가. 중국 글자인 한문의 어려움 때문에 제대로 글을 읽지도 쓰지도 못하는 국민을 위하여 우리 고유의 과학적 문자를 창제한 분이 아닌가. 그런데 아직도 이 나라에 한글을 못 읽고 못 쓰는 '어린 백성들'이 많이 남아 있다면 통탄하지 않을 수 없으리라. 세종이 1397년에 탄생했으니 1997년은 세종탄신 600주년이다. 세종의 위대함을 마음껏 기려야 하겠다. 그 가운데 문해교육도 새롭게 조명해야 할 것이다. (뉴스플러스 96-12)

평생교육의 공공지원은 세계적 추세

지난 7월 초(1993년)에 오스트리아 사회교육진흥처의 초청을 받아, 이 나라의 사회교육기관들을 돌아보고, 비엔나 대학과 어깨를 겨룬다고 자부심이 대단했던 그라쯔 대학교의 사회교육학과 교수들과도 이 분야의 현황과 문제에 관하여 대화를 나누는 기회를 가졌다.

오스트리아는 우리나라에 비하면 인구 760만의 작은 나라이지만 비엔나는 물론이고 모차르트가 태어난 잘츠부르크로 유명한 문화예술의 나라이다. 그런가 하면 관광수입이 전체 국민소득의 7퍼센트를 차지할 정도의 관광국가이기도 한데, 알프스 산록은 물론이고 전국 어디를 가나 산림과 농토가 그림처럼 아름답게 가꿔져 있어서 전 세계로부터 관광객을 끌어들이고 있다. 산림과 농토를 비롯하여 국토를 아름답게 가꾸는 것은 농민들이므로 관광수입의 절반은 농민들에게 돌아가야 한다는 농민조합의 주장에 절로 수긍이 간다. 정치수준도 높아서 크고 작은 국정의 결정은 물론이고 지방 소읍의 행정도 주민의 참여하에 민주적으로 꾸려 간다.

이문열씨의 소설 『추락하는 것은 날개가 있다』에서, 유럽의 어떤 도시보다도 아늑함과 평온함을 느끼게 하고 고향에 돌아온 듯한 기분을 들게 한다고 묘사한 그라쯔에 일주일 머물면서 이 도시 안팎의 각종 사회교육기관들을 방문하여 관계자들과 많은 이야기를 나눴다.

스테어마르크주의 노동자회의소가 설립한 직업훈련원은 16개의 지역센터와 150명의 전임직원과 1,000명에 가까운 강사로 구성된 방대한 조직이다. 이렇게 방대한 조직이지만 이 훈련원이 담당하는 지역은 그라쯔 시가 수도인 인구 95만의 스테어마르크 주에 국한되어 있다. 그런데 직업훈련기관은 이것만이 아니고 상공회의소가 운영하는 것, 대학이 운영하는 것 등이 있어서 교육대상자의 확보가 어렵겠다는 걱정이 들 정도이다. 실제로 직업훈련기관들은 훈련생의 유치를 위하여 마케팅 기법을 도입하여 활용하고 있다. 훈련생들은 미취업자와 실업자도 있지만 전직을 희망하는 취업자, 승진이나 승급을 위하여 직무능력을 향상시키려는 사람들도 많다. 그러므로 훈련생들의 배경과 연령이 다양하고 훈련내용이 수백 가지에 이른다.

이 직업훈련기관들은 비영리기관이지만 정부나 설립자의 직접 재정지원은 없고 대부분 학습자가 납부하는 교육비로 운영된다.

즉, 교육비는 무료가 아니고 유료이다. 그러므로 학습자를 많이 유치하지 못하면 훈련원의 문을 닫을 수밖에 없다. 직업훈련기관들이 마케팅기법까지 활용하여 학습자 유치에 안간힘을 쓰는 이유가 여기에 있다.

교육비가 유료라고 해서 그 비용을 학습자가 직접 부담하는 것은 아니다. 대다수의 학습자들은 직업훈련비를 주정부나 연방정부로부터 받는다. 노동자회의소 직업훈련원의 경우 전체 학습자의 80퍼센트는 교육비를 정부로부터 받고, 15퍼센트는 학습자의 직장으로부터 받으며, 5퍼센트만이 순수한 자비부담이라고 원장이 설명한다. 결국 직업훈련비용을 정부가 부담하되, 훈련기관에 직접 지원하지 않고 직업훈련을 원하는 국민들인 학습자에게 지원함으로써, 훈련기관들이 훈련의 질을 높이기 위하여 끊임없이 노력하게 만들고, 국민들에게는 선택의 권리를 보장하는 제도를 쓰고 있는 것이다.

그라쯔에서 그리 멀지 않은 주민 3천명의 작은 읍 후리드베르그는 주민들의 평생교육을 위하여 주민대표와 교육자대표들로 교육위원회를 구성하여 다양한 평생교육과정을 운영하고 있었다. 시골의 작은 읍이므로 유능한 강사의 확보가 어려운 문제이지만, 주정부의 사회교육진흥원과 교회교구교육부가 강사를 파견해 주기 때문에 큰 어려움 없이 운영한다. 재정은 읍과 주정부가 지원하므로 주민들은 명목적인 적은 수강료만 내고 다양한 교육프로그램에 참여한다. 스테어마르크 주의 수많은 소도시와 읍들이 모두 이런 식의 주민 평생교육을 운영하고 있다. 즉, 주민들의 평생교육을 정부

부담하에 운영하고 있는 것이다.

국민들의 직업훈련이나 평생교육을 공공부담으로 운영하는 나라는 비단 오스트리아만이 아니다. 독일과 북유럽 제국을 비롯하여 모든 나라들에 평생교육의 공공지원이 오래전부터 정착되어 있다. 이웃 일본만 해도 마찬가지이다. 공공재정에 의한 각종 평생교육을 통하여 국민의 지적 수준을 향상시켜 가고 있는 것이다. 국민의 수준이 바로 국력이다. 그에 비하면 우리나라의 직업훈련과 특히 평생교육은 공공지원이 미약하여 자비부담이 주축이다. 정책결정자들이 평생교육을 공적 영역이 아닌 사적 영역으로 인식하고 있기 때문이다. 공공지원의 제도화가 시급하다. (서울신문 93-07)

의식개혁의 대상

한국이 대망의 2만 불 고지에 한 발작도 다가서지 못하고 1만 불 고개에 붙잡혀 맴돌고 있는 원인이 정치후진성과 경제구조에 있다는 주장은 틀린 말이 아니다. 그러나 그 원인을 더 근본적으로 따져보면 우리 사회 전체에 만연해 있는 도덕적 해이와 상호불신을 발견하게 된다.

정치와 경제에 도덕적 질서가 유지되지 않고, 일상생활 속에서도 무질서와 무례한 행동이 서로를 괴롭힌다. 모두가 피해자인 동시에 모두가 가해자라고 해도 지나친 말이 아니다. 정치, 경제뿐만 아니라 사회, 문화, 교육 모든 부문에 걸쳐서 도덕적 해이가 사회발전의 발목을 잡고 있다. 도덕적 해이는 상호불신에서 비롯된다. 신뢰하지 못하기 때문에 나 혼자만 손해 볼 수 없다는 도덕적 불감증이 자라나는 것이다. 그러므로 상호신뢰를 구축하지 못하고는 선진사회

진입이 불가능하다. 정치발전도 경제발전도 상호신뢰가 구축되어야 가능하다.

문화시민운동의 요체는 신뢰사회의 구축에 있다. 불신사회를 타파하고 신뢰사회를 구축하는 사회의 총체적 개혁이다. 이 개혁이 성취될 때 우리 사회는 진정한 선진사회로 도약할 수 있다. 이 개혁이야말로 이 시점에서 우리가 전력을 기울여 추구해야 할 운동목표이다.

사회개혁에 있어서 언제나 제기되는 논쟁은 제도개혁과 의식개혁 가운데 어느 것이 우선이냐는 것이다. 그러나 이 논쟁은 실상 부질없는 것이다. 제도개혁과 의식개혁 가운데 어느 것을 선택하느냐는 각 단체의 특성에 따라 결정할 문제이지만 어느 하나만으로 사회개혁이 성공할 수는 없다. 제도개혁과 의식개혁은 둘 다 똑같이 필요하고 중요한 것일 뿐만 아니라, 상호보완적으로 전개되지 않으면 어느 것도 성공할 수 없다. 사실상 제도개혁을 추구하는 운동일지라도 이미 의식의 변화를 전제하고 있으며 의식개혁을 추구하는 운동도 제도의 변화를 내포하고 있는 것이다. 다만 구체적 활동내용에 있어서 특성의 차이가 있을 뿐이다.

만약 제도개혁과 의식개혁 가운데 어느 하나에만 치중한다면 사회개혁은 성공할 수 없다. 의식의 변화 없는 제도개혁은 사회혼란을 확대시키고, 제도의 변화 없는 의식개혁은 사회 전체에 좌절감과 불신감을 증폭시킨다. 둘은 함께 상호보완하여 추진하지 않으면 안 되는 것이다. 특히 의식개혁에 있어서 제도의 변화는 의식개혁을 위한 방법 그 자체이며, 성공한 의식개혁을 지속시키는 필요조건이다.

의식개혁에는 여러 방법이 개발되었지만 아무리 효과적인 방법일지라도 그것만으로는 성공을 보장할 수 없다는 것이 수많은 연구의 결론이다. 도덕을 가르쳐서 행동원칙을 일시적으로 주입할 수는 있다. 그러나 사회의 대다수 구성원들이 그 원칙을 지키지 않는다는 사실을 반복적으로 경험하면 결국 원칙 지키기는 포기된다.

사회제도와 지도층 행동이 자신이 학습한 행동원칙과 일치하지 않는 경우 대다수는 자신의 행동원칙을 수정하여 현실에 일치시킨다. 소수는 자신의 행동원칙을 고수하지만 다수에 대한 영향력은 한정적이다. 그리고 도덕성의 형성과 도덕적 행동의 지속에 있어서 준거집단의 영향력은 직접적이고 신속하다. 일반 대중에게는 사회지도층이 준거집단이다. 사회지도층의 말과 행동은 대중에게 그대로 반영된다. 인간은 매우 빠른 모방학습자이다.

아동과 청소년들은 가정, 학교, 지역사회에서 접촉하고 관찰하는 성인들로부터 직접 영향을 받는다. 도덕성의 모방학습이 매우 활발한 시기이다. 학교에서 아무리 좋은 도덕을 가르쳐도, 청소년들은 부모와 교사가 하는 행동을 보고 배운다. 인간은 많은 것을 관찰을 통해 학습한다. 귀로 듣고 학습하는 것은 매우 적다. 특히 도덕성은 눈으로 보고 배운다.

그러므로 의식개혁을 위한 교육이 성공할 수 있으려면 지도층과

부모에 대한 교육이 필수적이다. 그러므로 청소년 교육과 성인교육은 병행되어야 한다. 청소년들이 받는 것과 같은 교육을, 방식을 달리해서 성인들에게도 제공해야 한다.

소위 사회지도층 인사들은 국민에 대한 교육은 역설하면서도 자기 자신의 학습활동은 소홀히 한다. 이들은 사회문제의 원인을 항상 국민의 무지와 이기심으로 돌리고, 자신이 얼마나 무지하고 이기심이 많은지는 돌아보지 않는다. 그래서 지도자라는 사람들은 걸핏하면 국민계도를 주장한다. 그러나 대중들이 자신의 행동선택에 있어서 지도층 인사와 같은 준거집단의 영향을 받기는 청소년뿐만 아니라 성인들도 마찬가지이다. 정치, 경제, 문화 등의 사회지도층 인사들의 행동방식은 신속하게 일반 대중에게 전염된다. 즉, 대중은 지도층인사들이 설교하는 도덕적 가르침을 듣고 따르지 않고, 그들이 하는 행동을 보고 따른다. 사회지도층의 일거수일투족이 바로 교육이다.

그동안 역대 정권이 추진해 온 국민의식개혁들이 성공하지 못한 근본 원인은 따지고 보면 개혁의 대상을 잘못 잡았기 때문이다. 정권 담당자들이 스스로를 개혁하는 데 혼신의 노력을 기울여야 했음에도 불구하고, 자신들이 개혁주체가 되어 국민을 개혁하는 데에 집중하였다. 이것이 국민의식개혁 실패의 근본 원인이다. 자신을 교육자로만 인식하였기 때문이다. 국민을 가르치면 된다는 잘못된 교육관에 사로잡혀 있었다.

정권뿐만 아니라 사회지도자들도 국민에 대한 의식개혁은 역설하면서 스스로의 개혁은 소홀히 했다. 사회지도층인사들은 국민교육에 대하여는 모두 일가견을 가지고 있다. 기회만 있으면 국민에 대한 교육을 외치고, 만사를 교육 탓으로 돌린다. 그런 의미에서 대한민국에는 교육자가 너무 많다. 모든 국민이 교육자이다. 남을 가르치려고만 들고 자신이 배우려 하지는 않는다. 자신이 학습자라는 사실은 망각하고 산다. 이 의식을 바꾸는 일이 시급하다. 문화시민운동의 우선 대상은 지도층과 부모이다. (문화시민운동협회 04-08)

대통령 후보들의 교육정책

여당과 야당의 차기 대통령 후보가 선출되어, 본격적인 선거체제로 들어서고 있다.

각 후보 캠프에서는 현재 선거공약 작성작업을 하고 있을 것인데, 교육정책에 관하여 어떤 공약을 만들고 있는지 궁금하다. 공약이 때로는 헛된 약속으로 끝난다는 것을 알고 있지만, 그래도 대통령 후보의 공약은 대단히 중요하다. 대통령 후보들의 교육분야 공약 작성에서 유의하여야 할 중요한 항목들을 여기에 제시한다.

첫째, 국정우선순위의 최상에 교육정책을 놓느냐 여부가 중요하다. 21세기는 두말할 필요도 없이 지식이 지배하는 시대이다. 선진국들이 지난 세기 말부터 교육정책을 국정의 최우선 순위로 끌어올리고 교육발전정책을 추진한 것은 지식기반시대에 대비한 것이었다. 그러나 우리 역대 대통령들은 말로만 '교육대통령' 이 되겠다고 장담하면서도, 실지로는 이런 저런 핑계로 교육문제를 제대로 챙기지 않았다. 그리하여 공교육이 입시교육기관에 속수무책으로 밀리고, 고급전문인력의 양성체제가 취약하기 때문에 아직도 해외유학으로 충당하고 있는 실정이다. 다음 대통령은 교육을 확실하게 선진국 수준으로 끌어올릴 분명한 의지를 가진 사람이라야 한다.

둘째, 교육제도의 개념이 확대되고 있는 사실을 확인하고, 학교제도에 관한 정책에 치중하는 낡은 사고방식에서 벗어나느냐 여부가 중요하다. 21세기는 평생학습시대이다. 아동과 청소년에 대한 교육정책만이 아니라, 성인과 노인의 학습생활을 지원하는 새로운 감각의 정책 제시가 필요하다. 전국 방방곡곡을 '학습도시' '학습공동체' 로 다시 태어나게 만드는 정책을 누가 제대로 만들어 제시하느냐가 후보를 가리는 중요한 잣대가 될 것이다. 그리고 기업교육에 대한 국가정책과 아울러 실업자와 전업자의 재교육 문제에도 어떤 정책을 제시하느냐가 중요하다.

셋째, 교육에 있어서 수월성과 평등의 실현을 위한 적극적 정책의 제시 여부에 국민들은 주목할 것이다. 이 문제와 관련하여 고교평준화정책이 자주 거론되지만 쟁점이 겉돈다. 평준화는 학교 간 학생의 질적 수준을 균등화하기 위하여 신입생을 강제 배정하는 정책이지 교육평등을 실현하기 위한 본격적 정책이 아니다. 동시에 평준화가 수월성 추구를 가로막는 주범도 아니다. 교육평등을 본격적으로 추구하기 위해서는 선진국과 같은 저소득 가정의 유아교육을 실질적으로 지원하고, 저소득층을 위한 획기적 대학교육 장학정책을 수립하는 것이 필요하다. 한편 교육수월성 추구를 위해서는 질 관리 정책으로 방향을 돌리면서 영재교육강화 정책을 채택하여야 한다.

넷째, 교육제도와 제도관리에 있어서 유연성을 높이는 어떤 정책을 누가 제시하느냐가 관심의 대상이 될 것이다. 한국 교육제도의 최대 문제는 제도 자체가 획일적일 뿐 아니라 제도를 운영하는 행정도 경직되어 있다는 데 있다. 우선 우리는 국공립과 사립에 제도상의 차이가 없다. 제도적으로 사립학교와 대학의 자율성과 특성을 인정하지 않고 국공립의 연장선상에서 다루고 있기 때문에, 한국에는 진정한 사학이 없는 것이나 마찬가지이다. 이 문제를 풀어 주는 정책이 제시되어야 한다. 아울러 다양한 형태와 다양한 교육과정을 인정하는 학교의 다양화 정책도 나와야 한다. 대학교육의 자율화 확대는 정권마다 말만 앞세우고, 실적은 거의 없다. 대학의 자율성을 확대하는 정책을 기대한다.

다섯째, 교육정책을 대통령임기와 연계시키지 말아야 한다. 놀랍게도 그동안 실패한 교육정책의 상당수는 정책 자체의 결함 때문이 아니었다. 장기적으로 추진해야 할 정책을 임기 내에 열매를 따기 위하여 무리하게 추진하였기 때문에 실패하였다. 교육이 백년지대계라는 말은 교육이 백년을 바라보는 사업이라는 뜻과 함께, 교육은 단기간이 아니라 장기간에 걸쳐 추진해야 하는 사업이라는 의미를 담고 있다. 대증적 단기 처방이 아니라 한국교육의 근본을 바로 세우는 장기적 안목의 정책을 국민은 기대하고 있다. (한국교육신문 02-01)

기업은 학습조직이다

고전이란 어떤 책을 말하는가? '위대한 사상가와 문학가들이 남긴 작품들로 인류의 정신적 양식' '양서이기는 하지만 재미는 없는 책' '오래된 옛날 책' 모두 정답이다. 그러나 이보다 더 확실한 고전에 대한 정의가 있다.

'내용을 모르는 사람은 아무도 없지만, 직접 읽은 사람이 없는 책' 그렇다. 고전이란 그런 것이다. 누구나 내용을 알고는 있는데, 처음부터 끝까지 읽어 본 사람은 주변에서 만날 수 없는 그런 책이다. 그러나 어쩌다 우연한 기회에 읽어 보면, "역시 고전은 다르구나. 그래서 고전, 고전하는구나!" 하고 감탄하게 된다.

중요한 것을 피상적으로만 알고 진짜 내용과 본질을 모르고 넘기는 것은 비단 고전만이 아니다. 일상생활 속에서도 하루하루의 일과에 기다 보면 '바쁘기 때문에' 라든가 '당장 발등에 떨어진 불을

끄고 봐야 하기 때문에', 정말 중요한 것은 제쳐 두고 살아간다. 그러다가 어느 날 문득 자신을 돌아보면, 모르는 사이에 메마르고 이지러진 자화상을 발견하고 후회하지만 이미 세월은 흘러가 버렸다.

기업세계에서도 이런 일이 흔하다. 그 가운데 하나가 "기업은 사람이다."라는 진리이다. 자본이다 기술이다 해도 기업의 성패가 궁극적으로 사람에게 달려 있다는 것은 누구나 다 아는 진리이다. 따지고 보면 기업은 사람을 조직하고 활용하여 그 힘으로 생산자, 소비자, 경영자 모두에게 만족을 창출해 주는 일종의 종합 예술이다.

기업은 그야말로 사람이 모든 것을 판가름 낸다. 그러므로 성공적인 기업으로 성장하기 위해서는 다른 기업보다 사람을 잘 뽑고, 잘 훈련시켜 내 사람을 만들고, 지니고 있는 능력을 백 퍼센트 발휘할 수 있도록 잘 활용하여야 한다. 특히 잘 훈련시켜 내 사람을 만드는 것이 핵심이다. 그렇게만 할 수 있으면 능력 발휘는 어렵지 않게 이루어진다. 즉, 기업의 성패가 결국 교육에 좌우되는 것이다. 오늘날과 같이 지식과 정보가 힘을 결정하는 시대에 있어서는 교육의 중요성이 더욱 높다.

그런데 누구나 상식처럼 다 아는 이 진리를 진심으로 확신하고 실천하는 사람은 불행하게도 몇 되지 않는다. 최고 경영자뿐만 아니라 중간 관리자들 중에도 이 진리를 모르는 사람이 없지만 실천하는 사람은 적다.

최근에 하나의 유행처럼 '기업은 학습조직'이라는 말이 전 세계에 떠돌고 있다. 과거에는 기업을 가리켜 '재화의 생산조직'이니,

'이윤추구조직' 등으로 불렀지만, 이제 지구촌 시대에 있어서 기업은 일반사원과 경영진 모두가 새로운 지식과 기술을 쉬지 않고 배우지 않으면 살아남지 못한다는 의미에서 '학습조직' 이라고 부른다. 이 말도 따지고 보면 기업경영에 있어서 교육의 중요성을 강조하는 말이다.

아마도 기업의 경영 관리자 치고 이 말을 모르는 사람은 없을 것이다. 그러나 기업을 자신의 회사나 부서를 진정한 '학습조직' 으로 만들어 가는 사람이 과연 몇이나 될까. 여전히 '당장 발등에 떨어진 불끄기' 에 바쁘고, 연말의 실적평가 대비에 정신없다. 장기적인 사람교육이 중요한 줄은 알지만 미처 거기까지 신경 쓸 겨를이 없다는 것이 한결 같은 변명이다. 고전이 중요한 줄은 알지만 읽을 겨를이 없는 것처럼.

한 조사보고에 의하면, 국내기업들의 교육훈련비 지출은 총매출액의 0.13퍼센트에 불과하다. 이와는 대조적으로 독일 3.6퍼센트, 미국 3.2퍼센트, 일본 2.7퍼센트이다. 경쟁대상국에 비하여 국내기업의 교육훈련 투자비가 20내지 30분의 1에 지나지 않는다. 경쟁이 되지 않는다. 더욱이 선진국들은 그만큼 높은 수준의 교육훈련비 투자를 여러 해 동안 계속했기 때문에 양성된 고급인력이 상당히 축적되어 있지만, 한국은 그나마의 낮은 투자도 최근에 와서야 시작된 것이기 때문에 선진국과 한국의 격차는 통계상의 차이보다 훨씬 더 심각한 것이다.

기업들이 말로만 교육훈련이 중요하다고 하면서 실제로는 뒷전으로 밀어 놓는 현상은 투자액수에만 나타나는 것이 아니다. 연수원의 그룹 내 또는 회사 내 위상에서 더욱 뚜렷이 나타난다. 국내 기업들의 연수원은 회사 내에서 한직으로 공인되어 있다.

대부분 기업에서 연수원은 거쳐 가는 곳이며, 이왕이면 짧게 거쳐 가는 것이 이롭다는 인식이다. 왜냐하면 그곳에 오래 있다가는 승진 길이 막히기 때문이다. 왜 그런가? 한마디로 말해서 최고 경영자의 교육에 대한 관심이 낮기 때문이다. 어느 기업에서나 최고경영자가 우선순위 제1의 중요성을 교육부서에 보이면, 예산 배정과 인사에서 우선적 대우를 받게 되어 있다. 예산배정과 인사처리에서 연수원이 냉대를 받고 있다면, 경영진이 아무리 "교육은 중요하다." "기업은 사람이다."라고 외쳐도 그것은 빈말에 불과한 것이다.

긴 말이 필요 없다. 노동집약산업이나 보세가공산업 시절에는 손재주 좋은 기능공들만 있으면 모든 것이 해결되었다. 그러나 이제는 우리 기업들의 수준이 달라졌다. 세계가 정보화시대, 최첨단기술시대를 운운하지만 만약 우리의 산업수준이 아직도 60년대, 70년대 수준이라면, 정보화도 최첨단 기술도 아무 상관이 없는 것이다. 싸구려 스웨터나 싸구려 운동화나 많이 만들면 그만이다. 첨단의 산업교육이 필요할 턱이 없다.

그러나 정보화와 최첨단 기술은 남의 이야기가 아니라 우리의 산업 수준이 그렇게 되었다는 사실을 확실하게 깨달아야 한다. 경영자에서부터 사원에 이르기까지 부단히 학습하지 않으면 회사도 개인도 살아남지 못하는 산업수준에 이미 들어선 것이다. 그러므로 사람문제를 대하는 기업의 자세가 180도로 달라져야 한다.

무엇보다도 최고 경영자의 스케줄 최우선 순위가 교육에 관한 것으로 채워져야 한다. 이미 세계 선진 기업들은 교육부서의 최고 책임자를 부회장 수준으로 보임하고 있다. 그리고 회사의 전 구성원들이 언제나 학습할 수 있는 체제로 회사의 교육조직을 운영하고 있다. 이런 정도의 의지만 보이면 교육에 관한 기술적인 문제는 저절로 풀린다. 이렇게만 되면 기업의 장래는 장담해도 좋다. (쌍룡사보 94-10)

교육은 학습의 관리 행위

인류사에 있어서 학습은 개인의 생존을 위해서 절대적으로 필요했을 뿐만 아니라, 집단의 존속과 발전을 위해서도 절대적이었으므로 일찍부터 어느 사회에서나 학습을 관리하는 장치를 발전시켰다. 구성원들이 무엇을 학습하고 무엇을 학습하지 않느냐가 사회의 존속과 발전에 결정적이기 때문에 모든 사회는 구성원들의 학습을 방치해 두지 않고 철저히 관리하였다. 어떤 기능과 지식은 사회발전에 도움이 되기 때문에 구성원들이 반드시 학습하도록 관리하고, 반면에 어떤 기능과 지식은 사회에 해롭기 때문에 학습하지 못하도록 관리하였다. 때로는 주인과 하인 같은 사적 관계에서도 하인이 무식한 것이 유리한 경우에는 주인은 하인의 학습을 억제하였다. 뿐만 아니라 학습은 한 사회 내에서 계급간, 인종간, 종교간에 자주 갈등의 주제가 되었다. 이처럼 학습은 사회적 의미를 지니고 있기 때문에 어느 사회에서나 사적 영역에 방임하지 않고 여러 목적을 가지고 여러 가지 방식으로 관리하였다.

다시 말하면 학습을 관리한다는 것은 훌륭한 스승이 선의를 가지고 학습활동을 지도하는 경우뿐만 아니라, 집단의 이익을 위해서 학습을 강요하는 강제적 장치도 포함한다. 더 나아가 사회적으로 새롭다고 판단되는 지식의 학습을 억제하는 것도 학습의 관리이고, 무지한 상태로 묶어둘 필요가 있다고 판단되는 집단에 대하여 학습활동을 금지하는 것도 학습의 관리이다. 요컨대 학습의 관리에는 학습활동에 대한 긍정적 개입과 아울러 부정적 개입도 포함한다.

학습을 관리하는 제도는 시대에 따라 변천하였고, 사회에 따라 다르게 발전하였다. 그러므로 학습의 관리양식과 관리제도의 변천은 인류사에서 빠질 수 없는 중요한 영역이다.

역사를 보면 개인을 위해서 또는 사회를 위해서 반드시 학습할 필요가 있다고 판단된 지식이나 기능이나 가치관은 강제적으로 학습시키는 제도를 만드는 일이 흔했다. 이처럼 개인 및 집단의 학습을 촉구 내지 강제할 목적으로 만든 것을 흔히 교육제도라 불렀다. 즉, 사회적으로 가치 있다고 공인된 지식, 기능, 가치관을 학습하도록 가르치기 위해서 발전시킨 사회적 장치를 교육제도로 인식해 왔다. 학습시키는 내용은 사회에 따라 다르고, 학습하도록 만드는 방식도 사회에 따라 다르게 발전하였지만, 학습을 촉진 내지 강제하기 위한 교육제도는 어느 사회에서나 예외 없이 발전하였다. 그런데 이러한 교육제도가 모든 사회구성원의 보편적 이익보다는 소수 지배자의 이익에 이용되는 경우가 더 많았음을 역사는 말해 준다.

그러나 교육제도가 발전했다고 해서 사회의 모든 구성원에게 학습기회를 제공하고 학습을 지원한 것은 아니다. 인류가 모여 사는 크고 작은 사회 어느 곳에서나 교육제도를 만들기는 하였지만, 근대이전까지는 모든 사회에서 일반 백성들의 학습은 방치, 억제 또는 금지하였다. 오직 소수의 지배층 남자들에게만 교육을 제공하였다. 그러다가 근대에 이르러 전체 국민을 대상으로 가르치는 국민교육제도가 등장한다. 지난 19세기 유럽에서 시작하여 전체 인류사회로 파급된 의무교육제도는 국가가 관리하는 학습을 모든 국민에게 의무화한, 인류사상 최근에 나타난 새롭고 특이한 학습강제 장치이다.

그런데 학습이 사회적으로 어떻게 관리되었는지 정확히 이해하기 위해서는 가르치는 교육활동, 즉 학습을 조장하는 측면만 봐서는 안 된다. 학습을 금지한 활동에도 주목하여야 한다. 인류역사를 살펴보면, 사람들이 배우면 해롭다고 규정된 지식과 사상은 어느 사회에나 존재하였다. 어떤 지식, 기능, 가치관은 학습하면 개인에게 또는 사회에 해롭다고 판단되는 것들이었는데, 그런 내용에 대한 학습 또한 억제, 금지하였다. 진시황의 분서갱유는 하나의 사례에 불과하다. 군왕과 지배집단에 비판적 사상과 지식, 자국 종교를 비판하거나 외국 종교에 관한 지식을 학습하는 것은 철저히 금지하였다. 그러한 내용을 비밀리에 학습한 자들은 대부분 처형되었다.

한편, 사회마다 무지한 상태로 놔두는 것이 오히려 유익하다고 지배자가 판단한 집단이나 개인들이 있었다. 당연히 그들의 학습활동은 억제되거나 금지되었다. 노예와 천민에게 있어 어느 사회에서나 주인이나 지배자가 허용한 것 이외의 학습활동은 철저하게 금지되었다. 인류의 절반을 차지하는 여성들은 인류사의 최근까지, 어떤 사회에서는 오늘날에도, 무지한 상태로 놔두는 것이 오히려 좋다는 주장이 지배하고 있다. 감옥에 갇혀 있는 죄수들의 학습활동 역시 대다수 사회에서 최근까지 금지하고 있다. 결국 국민교육제도가 수립되기 전까지 민중과 소외집단의 학습활동은 억제 또는 금지하고 오직 지배층 남성들의 학습활동만 조장하고 지원하는 것이 교육제도의 내용이었다.

그러므로 여기에서 다시 한 번 개념 규정을 분명히 해 두고자 한다. 학습활동을 관리한다는 것은 학습의 촉진뿐만 아니라 학습의 억제도 포함한다. 즉, 인류사회는 학습활동을 지도하고 지원하는 장치만 발전시킨 것이 아니고, 동시에 학습활동을 제한하고 금지하는 장치도 발전시켰다. 그만큼 학습의 관리는 다양하게 전개되었다. 역사적으로 어느 사회에서나 노예나 천민들의 글 배우기와 책 읽기를 철저히 금지했고, 최근까지도 여성들의 활동은 억제하였다. 사회마다 학습이 엄격히 금지된 사상, 이념, 교리의 목록이 있었고, 어떤 사회는 오늘날에도 가지고 있다. 한국에도 1990년대 초까지 정부가 정한 금서목록이 엄연히 존재했다.

학습의 관리에 대한 이상의 논의를 요약하면, 모든 사회는 사람들의 학습을 조장하고 강제하는 장치와 함께 학습을 억제하고 금지하는 장치도 동시에 발전시켜온 것을 알 수 있다. 즉, 학습을 조장만 하지 않고 억제도 하는 양면적 장치를 발전시켜 온 것이다. 이 장치가 곧 교육제도이다. (평생교육웹진 05-10)

한국 교육 상황과 교육학의 책임

교육문제로 고민하는 나라는 한국만이 아니다. 세계 모든 나라가 학생들의 학업성적 저하와 같은 현안 문제에서부터 새로운 제도의 도입과 같은 구조적 문제에 이르기까지, 좀처럼 해결되지 않는 복잡한 교육문제를 끌어안고 힘겨운 싸움을 계속하고 있다.

나라에 따라서 문제의 내용은 물론 다르다. 그럼에도 각국이 처한 교육문제의 본질은 그다지 다를 것이 없다. 문제의 근원이 문명사적 전환에서 시작되었기 때문이다. 정보기술의 획기적 발전에 기인한 문명의 변화가 교육의 전면적 개혁을 강요하고 있는 것이다. 산업시대의 교육체제로는 새로운 문명세계에 대응할 수 없으므로 세계 각국이 교육의 전면적 개혁이라는 지극히 어려운 과제에 직면해 있는 것이다.

세계 선진국 그룹인 OECD 국가들도 예외 없이 전면적 교육개혁과제와 씨름하고 있다. 이들은 모두 평생학습이라는 훨씬 과장된 국민의 학습활동에 무엇인가 대책을 세워야 하고, 교육 패러다임이 변화한 만큼 교육에 대한 국가의 권한과 책임을 새롭게 규정하지 않을 수 없는 상황에 직면해 있다. 시대적 변화가 요구하는 것은 모든 국민의 전 생애에 걸친 학습을 지원하는 새로운 제도의 마련이다. 이것은 생애 초기에 완성교육을 제공하는 것으로 충분했던 산업시대의 학교제도와는 크게 다른 것이다. 전 생애에 걸친 계속학습을 지원하고 관리한다는 것은 이제까지의 교육 상황하고는 전혀 다른 것이다.

도날드 존스톤 OECD 사무총장은 지난해 회원국들이 추진해야 할 주요과제로 다섯 개를 제시하였다. 그것은 평생학습시대에 부응하는 모든 국민의 학습의 질 향상, 학교교육과 성인교육을 모두 포함하는 범교육계의 유능한 교사 확보, 성인을 위한 계속 학습기회 제공, 평생학습 재정 확보, 성인학습자를 포함하여 학생인구의 가속적 다양화에 대한 대책이다.

OECD가 제시한 다섯 과제가 전통적 학교제도에 국한되지 않은, 전 국민의 전 생애에 걸친 학습에 대한 과제라는 사실에 주목할 필요가 있다. 학교문제만 가지고 논의할 때가 아니라는 것이다. 학교문제에만 매달리지 말고 훨씬 확장된 새로운 교육개념을 가지고 대응할 것을 제안하고 있다. 이미 인류는 새로운 시대에 진입하였으므로 새 시대에 적응하는 새로운 교육제도를 수립하여야 함을 강조하고 있는 것이다.

한편 세계는 지금 인적자원 경쟁이 한창이다. 나라마다 인재양성에 총력을 기울이는 동시에, 다른 나라 고급두뇌를 유치하기에 바쁘다. 선진국일수록 더 열심이다. 고급 인적자원이 국가경쟁력을 결정하는 지식기반시대에 진입하였기 때문이다. 인재의 양성과 활용이 국가경쟁력의 요체이다.

모든 인간이 곧 인적자원이지만 개발된 인적자원 즉, 인재는 지식, 기술, 가치관의 학습을 통하여 능력을 향상시킨 인간이다. 다른 말로 하면 부가가치를 높인 인간이다. 그러므로 학습을 통하여 능력을 향상시킨 인간, 즉 인재가 된다는 것은 국가경쟁력을 높여줄 뿐만 아니라, 개인적 삶의 질을 향상시킨다는 점에서도 핵심이다. 그러기에 인재교육은 국가와 개인 어느 한 쪽만이 아니라 양쪽 모두의 발전을 위해서 필요한 것이다.

그런데 세계 각국이 평생학습시대에 대응하는 새로운 교육제도를 모색하면서 동시에 인재양성에 총력을 기울이고 있는 이때에 한국의 교육은 한마디로 혼란 그 자체이다. 사립학교법개정, 내신 부풀리기, 고교등급제로 나라 전체가 시끄럽더니, 수능시험 부정사건이 전국적으로 터지고, 난이도 조절도 실패한 것으로 드러나자, 국민들은 이제 교육정책에 대하여 넌더리를 내고 있다. 학교붕괴론과 교육망국론이 나온 지도 오래다. 국민들 사이에는 총체적 교육난국이라는 인식이 널리 퍼져 있다.

그러나 한국의 교육에는 정반대의 현상도 있다. OECD가 1990년대 말부터 실시하고 있는 학생성취도국제비교평가(PISA) 결과는 한국 학생들의 학업성취도가 최상급 수준으로 나오고 있다. 지난해 말에 발표된 2004년도 평가 결과에서도 한국은 언어와 수학에서 높은 성적을 보였을 뿐만 아니라 문제해결력에 있어서는 최상위를 차지하였다. 초·중등학생들의 학업성취도에 대한 다른 국제비교연구에서도 한국은 언제나 상위 그룹에 들어간다.

한국교육에 대한 이런 엇갈리는 현상은 한국교육의 연구에 있어서 연구자들에게 새로운 접근을 요청하는 것으로 보인다. 전통적 패러다임을 극복하고 새로운 관점과 방법으로 연구에 임할 필요가 있다. 즉, 학교에 국한된 연구에서 벗어나, 학생들이 가정과 사회에서 실지로 무엇을 학습하는지, 학원과 가정방문 학습지를 통해서 무엇을 학습하는지, 매스미디어와 사이버에서 무엇을 학습하는지 사실 그대로 확인할 필요가 있다. 청소년들은 대다수 교육학자들이 생각하는 것보다 훨씬 더 넓은 세계에서 자신들의 학습활동을 전개한다. 현재 성인들의 청소년기에는 학교가 생활세계의 거의 전부였지만, 지금 한국의 청소년들에게 학교는 여러 학습공간의 하나일 뿐이다.

이미 청소년들은 학교교육시대를 벗어나 평생학습시대에 살고 있다. 그뿐만 아니라 성인 가운데에도 새로운 지식과 기술을 계속해서 학습하여야 직업생활을 유지할 수 있는 수가 급속히 증가하고 있다. 이미 평생학습시대에 들어선 것이다. 그럼에도 불구하고 한국의 교육제도와 정책은 학교교육에서 벗어나지 못하고 있다. 교육학 연구도 크게 다르지 않다. 그런 의미에서 한국교육의 발목을 잡고 있는 가장 근본적인 족쇄는 복잡하게 꼬인 교육현안 문제들 자체보다 교육에 대한 학교중심 패러다임에 안주해 있는 전통적 교육관이라 해도 지나치지 않을 것이다. 한국교육에 대한 교육학의 책임을 적극적으로 수행하기 위해서는, 인적자원의 양성과 관리를 포함하여 이 나라 국민 전체의 평생학습 상황을 포괄적으로 관찰하고 설명하는 일부터 시작해야 할 것이다. (한국교육학회 04-12)

교육문제를 새 안목으로

지난 한 해도 예외 없이 교육은 혼란 그 자체였고 국민들에게 더욱 큰 실망을 안겨 주었다. 연초 점잖은 저명 대학의 입학부정사건으로 시작하여, 대입정책에 관한 교육부와 대학 간의 갈등, 교사평가에 대한 교원단체의 격렬한 반발, 사립학교법 개정을 둘러싼 국론의 분열, 그리고 연말에 폭탄처럼 터진 전 국민의 희망이던 한 생명공학 교수의 국제적 논문부정사건에 이르기까지, 교육계는 혼란과 실망의 연속이었다.

그러나 아무리 절망적이라 해도 포기할 수 없는 것이 교육이다. 교육은 나라와 개인의 미래가 걸린, 한시도 소홀히 할 수 없는 과업이기 때문이다. 아무리 꼬였다 해도 문제를 풀어, 교육다운 교육을 만들어 가야 한다.

이제는 교육에 대한 새로운 안목이 필요하다. 안목과 철학이 없이 교육문제를 기술적으로 다루기 때문에 해결이 안 되고 오히려 문제가 더욱 악화된다.

정치와 경제도 마찬가지이지만 특히 교육의 기본은 진정성(眞正性)이다. 참됨과 올바름에 토대를 두어야 한다. 이 토대가 흔들리면 그것은 이미 교육이 아니다. 참됨과 올바름이 담보되지 않은 교육은, 아무리 그럴듯하게 포장되어도 그것은 교육이 아니다. 진정성의 핵심에 정직이 있다. 교육은 정직해야 한다. 교육자, 교육행정가, 교육내용, 교육방법, 교육정책, 모름지기 교육에 관련된 모든 것은 정직해야 한다.

그러나 안타깝게도 교육계에 정직이 제자리를 잡지 못하고 있다. 입시부정, 성적조작, 연구비 부정, 인사비리, 집단이기주의 등이 보여주듯이 정직보다 부정, 비리, 이기주의가 사라지지 않고 있다. 정책시행에도 정직하지 않은 것들이 많다. 예컨대 교원과 시설 확보에 관한 법령, 입시정책, 사립학교회계 감독 등이 원칙대로 시행되지 않는다. 원칙대로 시행하지 않으니 정직한 학교가 손해 본다는 의식이 퍼진다.

새 해에는 교육자, 교육기관, 정부가 함께 '정직'을 지표로 삼아 교육계에 새로운 바람을 일으키기 소망한다. 여기에 시민단체들도 가세하여 교육계 전체를 거듭나도록 촉구한다면 큰 성과가 날 것이다. '교육윤리운동'이야말로 이 시점에서 한국 교육이 되살아나기 위해서 반드시 필요한 최고과제이다.

교육계와 정부의 새로운 풍토조성을 토대로, 다음과 같은 정책과제가 추진되기를 기대한다.

첫째, 학교교육에 대한 신뢰회복이다. 특히 고등학교 교육에 대한 신뢰회복이 시급한 과제이다. 고질적 한국병인 대학입시제도의 병폐와 그로 인한 사교육비 폐해는 주된 근원이 고등학교 교육에 대한 불신에 기인한다. 고등학교 교육에 대한 불신은 대학과 학부모들이 고교 내신성적을 신뢰하지 않는다는 사실에서 나타난다. 대학별 고사나 수능시험이 입시교육을 부추기기 때문에 1981년부터 고교내신을 전형자료 총점의 30퍼센트 이상, 1994년부터는 40퍼센트 이상을 의무적으로 반영하도록 제도화하였으나, 실질 반영률은 언제나 10퍼센트 미만에서 맴돌았다. 대학들이 고교내신을 신뢰하지 않기 때문이다.

유럽과 북미에서 입시교육문제가 우리처럼 심각하지 않은 이유는 고교내신을 신뢰할 수 있는 장치를 갖추었기 때문이다. 대학입시전형에 있어서 고교내신이 큰 비중을 차지하므로 과외보다는 학교생활에 열중하는 것이다.

이런 점에서 우리 교육의 우선적 과제는 학교교육을 신뢰할 수 있게 하는 장치의 수립과 분위기를 조성이다. 시행할 의지만 확고하다면 방법은 있다. 고교에 대한 신뢰만 확보하면 사교육비 문제를 해결할 수 있고 대학입시병폐도 치유할 수 있다.

고등학교에 대한 신뢰회복을 강조하는 이유는 고교에 문제가 가장 많기 때문이 아니다. 그보다는 고등학교가 대학입시와 직결되어 있기 때문이다. 당연히 초등학교, 중학교, 대학교도 불신으로부터 벗어나야 한다. 최근의 사태에서 보듯이 대학경영, 교수의 연구 활동과 관련된 도덕성 회복도 시급한 과제이다. 모든 학교의 도덕성에 대한 신뢰 회복이야말로 우리 교육이 정상화할 수 있는 길이다.

둘째, 지식기반시대에 세계화에 대한 대응력을 높이기 위해서는 국내 교육기관의 교육력 제고가 우선적 과제이다. 지식기반시대에는 핵심 첨단 지식의 자급자족이 곧 국부요 국가경쟁력이다. 지식의 생산과 교육을 외국에 의존하면 자립할 수 없다. 국내 교육기관들의 교육력을 제고하기 위해서는 여러 대책이 필요하다.

단순한 대책 같으면서도 정책의 방향전환을 뚜렷이 보여줄 수 있는 것이 유학장학정책의 전환이다. 외국 대학에 유학시키는 '유출장학' 으로부터, 국내 수학을 지원하고, 나아가 외국인재를 국내 대학으로 끌어들이는 '유치장학' 으로 전환하는 것이다. 학생뿐만 아니라 우수한 외국학자들의 국내 초빙도 도모해야 한다.

장학사업의 방향 전환을 주장하는 이유는 해외 유학과 연수를 위해서 유출되는 외화가 연간 약 2조원에 이르렀다고 해서가 아니다. 이렇게 엄청난 외화의 해외유출도 물론 큰 문제이기는 하다. 그러나 장기적으로 국가에 치명적인 해독은 외화수지 적자가 아니다. 정말 치명적인 문제는 국내 교육기반의 잠식이다. 그 가운데에도 고급전문가를 양성하고 첨단학문을 연구하는 대학원 교육의 붕괴이다. 고급전문가를 해외에서 양성하면 국내 양성체제는 발전할 수가 없다. 결과적으로 국내 교육기관이 부실하니, 다시 해외에 의존하는 악순환에서 벗어날 수 없다. 이렇게 해서는 지식기반시대 국제경쟁에서 살아남을 수 없다.

어느 나라에서나 대학원은 고급전문인재 양성의 보루이다. 그러므로 선진국일수록 대학원 교육만은 외국의존을 상상도 하지 않는다. 정부와 사회가 일치단결하여 고급전문인재의 자체양성체제에 온갖 정성을 쏟는다. 그것이 확실한 자립의 길이기 때문이다. 일본이 패전 이후에 고급인재의 자체양성체제 구축을 위해서 정부, 대학, 기업이 일심동체로 쏟은 노력은 눈물겨운 것이었다. 해외유학 지원책은 쓰지도 않았고, 해외 유학파는 일부러 홀대하면서 국내 대학원을 키웠다. 노벨상 수상자가 일본에서 나오는 데에는 그만한 이유가 있는 것이다. '세계 100대 우수대학' 가운데 일본은 세 개가 포함되었으나 한국대학은 없다.

교육력을 높이기 위해서는 정원관리 고등교육정책으로부터 질관리 정책으로 전환해야 한다. 대학교육의 질관리도 중요하지만 대학원의 질관리는 더욱 철저히 하여야 한다. 교육의 질관리에 성공하지 못하면 다른 모든 교육정책이 성공해도 결국은 속 빈 강정에 지나지 않는 것이 교육이다. 질관리는 간단한 문제가 아니다. 그러나 방법은 있고, 또 반드시 성공해야 할 과제이다.

한편, 세계무역기구(WTO)의 교육개방 압력에 대하여 정부는 어정쩡한 자세를 취하고 있다. 그러나 이 문제는 매우 심각한 현실이므로 회피하지 말고 정면으로 돌파하여야 한다. 피한다고 피할 수 있는 문제가 아니다. 우선은 우리 교육의 경쟁력을 높이는 데에 전력을 기울여서 개방을 하여도 문제가 발생하지 않도록 추진하여야 한다. 위에서 언급한 장학정책도 그 일환이다. 그러나 개방을 하면 당장 피해가 예견되는 분야들에 대하여는 협상을 통하여 최대한 개방을 막아야 한다. 물론 영원히 막을 수는 없으므로 그 분야들에 대한 지원을 통해서 경쟁력을 높이는 정책을 효율적으로 추진해야 한다. 또 한편으로 우리 교육 가운데 외국으로 진출할 수 있는 분야는 적극적으로 진출할 수 있도록 지원해야 한다.

교육의 세계화는 '교육시장'의 개방만 이루어지는 것이 아니다. 교육의 세계표준화가 유럽 중심으로 추진되고 있다. 그러므로 가능한 방법을 모두 활용하여 교육의 세계표준 개발 작업에 참여하는 교육외교가 절실한 때이다. 우리가 지난 100년 이래로 서양의 교육질서에 종속되었듯이, 앞으로 더 긴 세월을 서양 주도의 세계적 교육질서에 종속될 수도 있는 것이다. 적극적 대응이 필요하다.

셋째, 평생학습시대에 대비하여 성인 교육기관을 확충하고, 학력제도를 보완할 수 있는 새로운 제도를 개발하여야 한다. 우리나라에 학력주의가 발호하고 그 여파로 학벌이 득세하는 것은 교육정책을 학교본위로만 운영한 데에 큰 원인이 있다. 학교만을 학력으로 인정하고 여타 교육기관들에 대해서는 학력 또는 그에 상응하는 자격을 인정하지 않고, 학교 밖에는 학교를 대신할 만한 교육기관도 육성하지 않았다. 그 결과 어느 나라보다도 극심한 학력주의가 형성된 것이다.

학력주의와 학벌의 타파는 학교 및 대학과 병행하는 평생교육기관들을 육성하고 인정함으로써 실마리가 풀린다. 독일은 학교제도와 병행하는 직장교육이 Meister까지 연결되기 때문에 굳이 대학에 가지 않아도 전문가로 성장할 수 있고 사회적으로도 존경받는 지위에 오를 수 있다. 영국은 정규대학에 진학하지 않은 사람도 Further education college, WEA college 등을 이용하여 교육수준을 높일 수 있도록 제도적 장치를 만들고, 최근에는 University for industry를 설치하여 대학 밖에서도 고등교육을 받을 수 있도록 제도를 만들었다. 미국은 지역마다 설치되어 있는 Community college들은 정규대학 밖에서도 대학수준의 교육을 받을 수 있는 기회를 제공한다. 이러한 정책들이 시행되고 있기 때문에 다른 나라들은 학력주의의 병폐에서 멀어질 수 있었던 것이다.

평생학습시대를 맞이하여 학교와 대학을 포함한 다양한 교육기관들을 총체적으로 연계시키는 새로운 제도를 만들면서, '능력인증제도' 를 활용하여 어느 교육기관에서 학습한 것이든지 일정한 확인과 평가 절차를 거쳐서 특정 수준의 능력을 인증하는 제도가 떠오르고 있다. 영국을 비롯한 선진국들은 학교, 대학, 기업교육, 평생교육을 모두 포괄하는 능력인증제도를 개발함으로써 학력제도를 확실하게 대치할 준비를 하고 있다. 나아가 그들은 능력인증제도의 국제표준화를 주도하기 위한 준비작업을 진행하고 있다.

능력인증제도의 도입은 이제까지 학력을 수여하는 정규교육기관으로서의 특혜를 누려 온 학교와 대학들의 위상을 바꿀 수 있다. 요컨대 학력사회로부터 능력사회로의 이행은 교육제도의 성격 자체를 바꾸는 것이므로 사회전반에 엄청난 변화를 수반할 것이다. 교육개혁은 이처럼 전면적이고 근본적인 변화를 지향한다. 그에 따라 큰 저항도 받을 것이므로 확고한 철학으로 무장하지 않으면 추진하기 어렵다. 무엇보다도 국민들의 동의와 지지를 확보하기 위한 공론 과정이 필요하다. 공론의 장을 조성하는 것이 교육부의 역할이다. (우리 길벗 06-01)

[저자소개]

일러스트: 교수신문 제공

김신일

서울대학교 사범대학과 대학원에서 교육학을 전공하고, 미국 피츠버그대학교에서 교육학 박사학위를 받았다.

서울대학교 교육학과 교수로서, 한국교육사회학회 회장, 한국평생교육학회 회장, 동아시아성인교육학회(EAFAE) 회장, 서울대 교육행정연수원장, 서울대 교육연구소 소장, 대통령자문 교육개혁위원회 위원, 교육개혁과 자치를 위한 시민회의 대표, 흥사단교육운동본부 상임대표를 역임하였다.

현재 한국교육학회 회장, 국제학술지 Asia Pacific Education Review(APER)의 편집책임자로 활동 중이다.

〈저서〉

『교육학개론』, 『교육사회학』, 『평생교육학』, 『평생교육경영론』, 『시민의 교육학』, 『세계 속의 한국대학』, 『우리가 꿈꾸는 아름다운 학교』, 『학습사회의 교육학』 등

저자와의
협약으로
인지생략

서울대 김신일 교수의 **교육생각**

2006년 2월 20일 1판 1쇄 발행
2007년 3월 25일 1판 3쇄 발행

지은이 • 김신일
펴낸이 • 김진환
펴낸곳 • 학지사
121-837 서울특별시 마포구 서교동 352-29 마인드월드빌딩 5층
대표전화 • 02)326-1500 / 팩스 02)324-2345
홈페이지 • http://www.hakjisa.co.kr
등 록 • 1992년 2월 19일 제2-1329호

ISBN 978-89-5891-265-1 03370

정가 9,000원

파본은 구입처에서 교환하여 드립니다.